Observación sistemática para la investigación y la innovación en contextos socioeducativos

Observación sistemática para la investigación y la innovación en contextos socioeducativos

Rachida Dalouh Ounia

Verónica C. Cala

ACCI
Asociación Cultural y Científica
Iberoamericana

© Obra: Observación sistemática para la investigación y la innovación en contextos socioeducativos

Primera edición: Septiembre, 2025

© Autor: Rachida Dalouh Ounia y Verónica C. Cala

ISBN: 978-84-10041-74-5
Depósito Legal: M-21422-2025

Maquetación y Diseño de cubierta: ACCI Ediciones

© Editado por ACCI Ediciones www.acciediciones.com

Gestión, promoción y distribución: Límbica Ediciones S.L.
C./ Puentelarra, 68, 2º A, 28031 Madrid. España.
Tlf: 0034 91 3117696 // Email: pedidos@limbicaediciones.es
www.visionnet-libros.com

Disponible en librerías físicas y online.

ÍNDICE

· ·

INTRODUCCIÓN

La educación contemporánea afronta el desafío de comprender y abordar la complejidad y diversidad de los entornos de aprendizaje. Las aulas, lejos de ser espacios uniformes, son entornos dinámicos donde convergen múltiples factores: culturales, sociales, emocionales y pedagógicos. En este escenario, la observación sistemática y la innovación se erigen como pilares esenciales para asegurar la calidad, relevancia y pertinencia del proceso educativo. Por lo tanto, la urgencia de entender a fondo la realidad del aula e implementar cambios efectivos y sostenibles es hoy más apremiante que nunca.

La observación sistemática no solo permite identificar áreas de mejora en el aula al ofrecer una visión clara de las prácticas pedagógicas y los procesos de aprendizaje, sino que también proporciona información valiosa para la toma de decisiones fundamentadas y el ajuste de metodologías basadas en evidencia. Además, resulta crucial para evaluar el impacto de las innovaciones educativas, impulsar la reflexión docente y facilitar el intercambio de experiencias que sean replicables y sostenibles a largo plazo.

La observación, en tanto método científico, ha sido reconocida por su capacidad para ofrecer una visión directa y contextualizada de los fenómenos que se producen en los entornos educativos. Como señala Anguera (2001), la metodología observacional se desarrolla en contextos naturales y consiste en un procedimiento científico que pone de manifiesto la ocurrencia de conductas perceptibles, permitiendo su registro organizado y su análisis tanto cualitativo como cuantitativo. Esta aproximación posibilita la detección de relaciones de diverso orden entre las conductas observadas, evaluando su significado en función del entorno en el que tienen lugar. No obstante, la observación sistemática trasciende la percepción cotidiana o casual, ya que implica un proceso planificado, estructurado y objetivo. Este enfoque permite recolectar información fiable sobre comportamientos, interacciones y fenómenos presentes en el entorno educativo o social, aportando así una base

El libro "Observación sistemática en contextos socioeducativos para la innovación y mejora" se estructura en cinco capítulos principales. El Capítulo 1, Fundamentos y principios de la investigación observacional, se introduce a la observación sistemática, diferenciando entre observación y experimentación, y profundizando en los conceptos de observar, observador y observación, así como en las diferencias entre ver, mirar y observar, el proceso de observar, la objetividad y subjetividad en la observación, y su aplicación como método y técnica, incluyendo la planificación, los subtipos, las ventajas y limitaciones, y la formación y entrenamiento del observador. El Capítulo 2, Planificación, proceso y fases de un proyecto de investigación observacional, aborda la planificación de la observación sistemática y describe detalladamente las fases de una investigación observacional. El Capítulo 3, Características y evolución de los diseños observacionales, aborda los fundamentos de estos diseños, destacando su flexibilidad metodológica, su evolución hacia un enfoque tridimensional y su aplicabilidad en educación infantil. Presenta su clasificación a partir de tres criterios clave (idiográfico/nomotético, puntual/seguimiento y unidimensional/multidimensional), cuya combinación da lugar a ocho tipologías básicas. Estas estrategias orientan la recogida y análisis de datos en función de los objetivos del estudio, permitiendo adaptaciones según el contexto y las necesidades de investigación. El Capítulo 4, Técnicas de registro observacional, explora las modalidades y técnicas de registro según su grado de sistematización, como el diario de clase, el registro anecdótico y continuo, las matrices de observación, lista de control, escalas de estimación, registros de intervalo o eventos y el registro categorial. Finalmente, el Capítulo 5, Análisis de datos observacionales, se centra en la naturaleza de los datos cuantitativos observacionales y en los métodos para su análisis, proporcionando una visión integral y aplicada de todo el proceso observacional. De este modo, el libro desarrolla los contenidos desde los fundamentos teóricos y conceptuales hasta la aplicación práctica y el análisis de datos, dotándolo de herramientas rigurosas y actualizadas para comprender, valorar y transformar los contextos educativos desde una perspectiva científica, ética y creativa.

CAPÍTULO 1.
FUNDAMENTOS Y PRINCIPIOS DE LA INVESTIGACIÓN OBSERVACIONAL

· ·

Introducirse en la observación sistemática como método de investigación e innovación social y educativa exige, en primer lugar, entender en qué consiste la observación y cuál es su relación con la investigación científica. Para dimensionar su alcance, es decir, determinar para qué puede servir la metodología observacional, conviene detallar cuáles son los aspectos cognitivos y corporales involucrados, qué tipos y variantes existen y cuáles son los modos de entrenar la mirada. Estos conocimientos y destrezas pueden ayudarnos a ajustar la observación a cualquier comportamiento y/o entorno social que nos interese o preocupe, desde un aula de infantil, un parque, un museo o, incluso, una consulta médica.

En este capítulo se exploran los conceptos, dimensiones y habilidades básicas que hacen de la observación una herramienta valiosa y rigurosa para comprender la realidad y generar conocimiento científico.

1. Preparación

Antes de iniciar el estudio de la observación científica proponemos una serie de actividades reflexivas y ejercicios prácticos que permiten activar conocimientos previos y cuestionar las nociones intuitivas relacionadas con el acto de observar.

Actividad 1. Exploración de conceptos relacionados con la observación:
- ¿Cuántos términos asocias con la palabra "observación"? ¿Qué significados atribuyes a conceptos como "mirar", "ver" y "observar"?
- Ejercicio: Elabora una lista de términos y discútelos en un grupo, identificando las sutilezas semánticas que distinguen cada uno.

Actividad 2. Diferenciación entre observar y mirar:
- ¿Es lo mismo observar que simplemente mirar?
  Reflexiona sobre ejemplos cotidianos, como el contraste entre apreciar una obra de arte en un museo (donde la mirada puede ser superficial) y realizar un estudio detallado de los elementos que componen dicha obra (acto de observar).

- Ejercicio: Escoge una imagen y realiza dos análisis: uno describiendo lo evidente y otro identificando matices menos perceptibles, evidenciando la profundidad que aporta el acto de observar.

Actividad 3. Observación general y detallada de un objeto

- Selecciona un objeto y dedícale varios minutos de atención focalizada. Posteriormente, describe de forma escrita lo observado, destacando qué aspectos se perciben a nivel sensorial y cuáles son interpretados a partir de conocimientos o experiencias previas. Para esta actividad toma como un objeto cotidiano (ej. una planta decorativa, un cuadro, etc.).

Actividad 4. Impacto de la sociedad de la imagen y las nuevas tecnologías

- Considera cómo la exposición constante a imágenes en medios digitales y cinematográficos puede influir en tu capacidad para observar de manera crítica y profunda.
- ¿Crees que la abundancia de imágenes en redes sociales enriquece o empobrece la calidad de la observación científica?
- Ejercicio grupal: Discute en un foro académico las ventajas y limitaciones que aporta el uso de tecnologías (como vídeos o fotografías) en la investigación observacional.

Actividad 5. Reflexión sobre la investigación observacional en el ámbito educativo

- Piensa en situaciones reales del aula en las que hayas sido testigo de comportamientos y dinámicas entre estudiantes. ¿Qué elementos podrían ser relevantes para una observación sistemática?
- Cuando lo hayas respondido, haz el siguiente ejercicio: Considera la interacción entre alumnos durante la clase y discute qué indicadores podrían permitir evaluar la calidad y efectividad de estas interacciones (tales como: el nivel de participación, el grado de comunicación, la presencia de escucha activa, etc.).

2. Contenido

Introducción a la observación

Si nos paramos a pensar en la observación, nos damos cuenta de que es algo que realizamos todos los seres humanos con frecuencia. Es una actividad que incluso compartimos con muchos animales. Y, por supuesto, que se ha realizado a lo largo de toda la historia.

Por todo ello, no extraña que haya servido siempre como una herramienta para recoger datos e identificar patrones de una manera más o menos organizada o sistematizada. Recogida de datos, indagación y observación han ido de la mano. De hecho, el acto de observar se ha definido como el " proceso de obtención de información sobre objetos y eventos a través de los sentidos —vista, olfato, oído, tacto y gusto—, prestando atención a detalles específicos o fenómenos que podrían pasar desapercibidos" (CDE, 2016, p. 64).

A pesar de su antigüedad del método, que nos puede hacer pensar que se trata ya de una estrategia anacrónica o pasada de moda, la observación sigue siendo la herramienta central de la investigación científica contemporánea. La gran mayoría de los datos que registramos son observacionales.

No obstante, lo que aquí nos interesa es determinar que la simple observación no puede considerarse un método científico por sí sola, sino que cabe identificar y diferenciar la observación común de la observación científica. A continuación, se ofrece una distinción entre ambas (Nieto-Martín, 2010):

- **La observación ordinaria,** no científica, es aquella que se caracteriza por ser **espontánea** y no sistematizada, es decir que se realiza sin una hipótesis previa ni una intención explícita de medir o relacionar aspectos o variables. En la observación ordinaria, no científica, se registra información visual de manera casual u ocasional, comprobando los hechos tal y como se presentan. De hecho, en la vida cotidiana existen multitud de comportamientos que son perceptibles y pueden ser registrados y cuantificados adecuadamente. Un ejemplo de este tipo de observación es fijarse en cuántas veces un niño interactúa de manera agresiva o amistosa con sus compañeros en un aula. Como se trata de una observación sin objetivo no la consideramos científica -aunque hay veces que las observaciones espontáneas sí pueden servir a la investigación a posterior, cuando ya sí se ha concretado un propósito.

- **La observación científica**, por el contrario, requiere un procedimiento meticuloso, basado en un marco teórico y, en ocasiones, en hipótesis de investigación que guían la recolección y análisis de datos. Un ejemplo de ello sería un estudio planificado en el aula donde se registra sistemáticamente el número de intervenciones de un alumno durante actividades grupales, con criterios de tiempo, categorías y participantes definidos de antemano. Aquí, sí está presente el horizonte de la observación y es planificada y analizada.

Observación vs experimentación

Es necesario, a su vez, diferenciar otros dos conceptos muy ligados a la investigación. Estos son los de observación y experimentación. En ambos puede participar el acto observacional y ambos forman parte de la investigación científica, pero sirven a finalidades distintas.

Cuando utilizamos el término observación en ciencias sociales nos referimos habitualmente al proceso de comprender cómo ocurren los fenómenos de manera natural en su hábitat o entorno. En estos casos, la observación no se realiza en un laboratorio ni en un ambiente altamente controlado. No se pueden controlar los aspectos ambientales que pueden interferir en el proceso. Si, por ejemplo, observamos cómo se desarrolla el juego en el patio de un colegio no podemos controlar ni la edad, ni el género, ni las habilidades deportivas de los niños que se encuentran en ese espacio, tampoco la temperatura, la calidad de las instalaciones, los programas de fomento deportivo. Simplemente, registramos las cosas tal y como suceden. Esto es especialmente útil cuando queremos explorar un fenómeno sin hipótesis muy claras o concretas.

Sin embargo, cuando tenemos ideas o hipótesis que queremos comprobar, sí es necesario controlar mucho más todas las variables o aspectos que pueden incluir en el fenómeno. Llamamos experimentación propiamente al registro de información observacional que realizamos cuando sí queremos controlar lo ambiental, para llegar a aislar un solo aspecto y testar nuestras hipótesis. De ese modo, al limitar todas las condiciones que afectan al fenómeno, sí podemos centrarnos únicamente en el efecto de una sola variable o aspecto sobre otro, pudiendo establecer relaciones de causa-efecto. La **experimentación** implica la intervención deliberada del investigador para manejar y dominar la situación, es decir, asegurándose que las fuentes y condiciones de variación son las que él ha introducido, sin que intervengan variables extrañas. Por ejemplo, elegir los participantes en un grupo para evaluar cómo afecta la participación sobre el rendimiento académico.

Por eso, la principal diferencia entre observación y experimentación radica en el nivel de intervención del investigador en el fenómeno estudiado (figura 1).

Observación vs experimentación

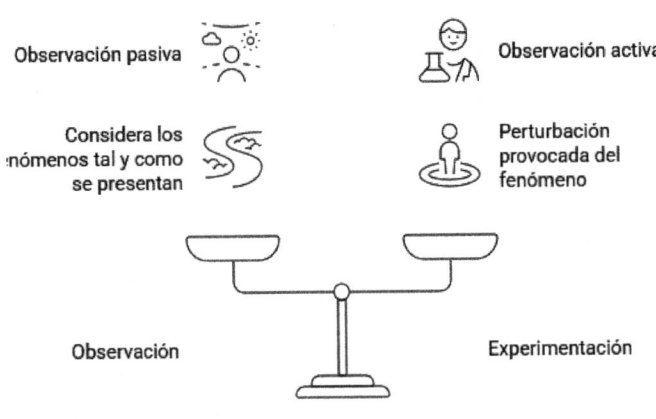

Figura 1.
Diferencias entre la observación y la experimentación

Esta distinción permite a su vez diferenciar dos modos de observación distintos:

- La observación pasiva en la que el investigador se limita a registrar los hechos sin intervenir, como en el caso del estudio de la interacción entre alumnos durante un recreo.
- La observación activa en la que el investigador sigue un criterio sistemático y puede basarse en una hipótesis previa para guiar su observación.

El factor clave que distingue ambos métodos es el grado de control (figura 2). En la observación, este control es mínimo o inexistente, lo que permite recopilar datos en condiciones naturales. En cambio, en la experimentación, el investigador ejerce un control riguroso sobre las variables para establecer relaciones causales con mayor precisión.

Observación vs experimentación

Metodología Observacional
Mínima intervención y control

Metodología Experimental
Máxima intervención y control

Figura 2.
Diferencias entre la metodología observacional y la experimental

La observación: ver, mirar y observar

La observación es una actividad que involucra el sentido de la vista, pero no es la única. En castellano disponemos de distintos verbos que refieren acciones visuales de distinto tipo. Así pues, la observación se entiende como proceso visual mucho más complejo y profundo que el que los que están presentes bajo las nociones de ver o mirar (Peña-Acuña, 2015). A simple vista estas tres acciones pueden parecer sinónimos, sin embargo, cada una de ellas implica un nivel distinto de atención, intención y análisis. Comprender estas diferencias es fundamental para mejorar nuestra capacidad de observar con precisión.

Así pues, podemos diferenciar:

- **Ver**, que es el acto más básico y automático. Ocurre cuando nuestros ojos captan un estímulo visual sin que haya una intención consciente de analizarlo. Por ejemplo, cuando caminamos por la calle, vemos muchas cosas sin prestarles demasiada atención.
- **Mirar** supone un grado mayor de intención. No solo percibimos un objeto, sino que dirigimos nuestra atención hacia él con un propósito, aunque sin analizarlo en profundidad. Cuando miramos una película, por ejemplo, segui-

mos la historia y los personajes con interés, pero no necesariamente estamos analizando cada detalle de la imagen o del guion.

- **Observar** es el nivel más complejo de los tres. No solo implica percibir y dirigir la atención, sino también analizar, comparar y reflexionar sobre lo que estamos viendo. Como decía Wittgenstein: "Observar no es lo mismo que mirar o ver... Se observa para ver lo que no se vería si no se observa". Uno de los aspectos clave de la observación es el tiempo que dedicamos a ella. A diferencia de ver o mirar, que pueden ser acciones instantáneas y superficiales, la observación requiere detención y paciencia. Cuanto más tiempo nos dedicamos a observar un objeto o situación, más detalles podemos captar y más profunda será nuestra comprensión. Por ejemplo, si observamos una obra de arte durante unos segundos, solo veremos su imagen general. Pero si dedicamos varios minutos a examinarla, notaremos detalles en los colores, las pinceladas, la composición y los elementos simbólicos que podrían habernos pasado desapercibidos en un primer vistazo. La observación nos permite descubrir detalles, patrones o relaciones que no serían evidentes con un simple vistazo.

La figura 3 sintetiza las diferencias de estas tres actividades perceptivas mediante la vista.

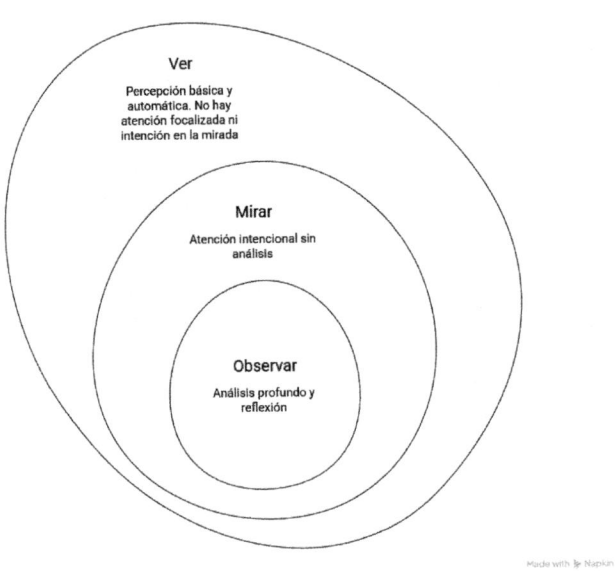

Figura 3.
Diferencias entre las tres actividades visuales: ver, mirar y observar

Observar- observación- observador

En la actividad observacional se pueden diferenciar los términos de observar, observador y observación para diferenciar el acto, de la persona y del procedimiento que entran en juego. Según Postic y De Ketele (1992) podemos definir estos tres términos de la siguiente forma:

- Observar es más que mirar o registrar lo que sucede. Implica un acto perceptivo intencional donde el observador se coloca frente a una situación observable con la actitud para ajustarse a unos criterios establecidos. De esa manera busca captar de forma consciente lo que ocurre en un contexto determinado, prestando atención a cómo se desarrollan los comportamientos, cómo interactúan las personas implicadas y cómo interpretan la situación. Si nos centramos en el ámbito educativo, observar puede suponer centrarse en cómo actúa un alumno en relación con su entorno y con los demás: cómo actúa en el patio, cómo se relaciona con otros niños/as o cómo utiliza los objetos del entorno escolar. Así, observar no es solo ver, sino interpretar lo que se ve desde una mirada guiada por objetivos de investigación o de mejora educativa.
- El observador es una persona entrenada para realizar la observación. Esta persona suele efectuar tres acciones: comenzar observando una situación; pasar a recoger la información observacional; y en tercer lugar interpretar los datos.
- La observación es el método y/o la técnica de recogida de información. Supone un procedimiento de percepción de aspectos definidos y de una anotación sistemática posterior, con el objetivo de responder a los objetivos iniciales que orientaron la observación. Habitualmente se observa a partir de un marco teórico y unos objetivos iniciales.

El proceso de observar

Como apuntábamos anteriormente, a diferencia de ver o mirar, observar no es un acto estrictamente pasivo -aunque podamos hablar de observación pasiva cuando no hay control de las variables ambientales-. Observar es un proceso activo en el que se ven involucradas múltiples habilidades cognitivas. Esta actividad corporal no solo depende de nuestros sentidos, sino también de nuestra memoria, conocimiento previo, interpretación y juicio crítico. A menudo se piensa que observar es un acto neutral y objetivo, pero en realidad, nuestras percepciones están influenciadas por múltiples factores. Así pues, la posición desde la que observamos, nuestras expectativas, nuestros conocimientos previos e incluso nuestro estado de ánimo pueden afectar lo que percibimos y cómo lo interpretamos. Por ejemplo, si observamos el comportamiento de un grupo de personas en un parque, nuestra percepción puede cambiar según lo que esperábamos encontrar. Si creemos que la gente en el parque suele ser amable, es más probable que nos fijemos en comportamientos amigables y pasemos por alto interacciones negativas.

Si descomponemos el proceso de observación, tal y como lo hizo Anguera (1988), podemos identificar cuatro elementos cognitivos inmersos en este proceso (resumidos en la figura 4):

1. La **percepción (P)** hace referencia al modo en que captamos un estímulo visual. Se trata de una dimensión eminentemente sensorial que implica la identificación de aspectos como la forma, el volumen, el tamaño o el color. A menudo, esta información se complementa con datos procedentes de otros sentidos —como el tacto, el oído o el olfato—, lo que convierte a la experiencia perceptiva en un proceso multimodal. La percepción es el primer contacto sensorial con el fenómeno observado. Sin embargo, este proceso no es uniforme: varía entre observadores debido a diferencias individuales y a factores contextuales como el ángulo de visión o la iluminación. Por ejemplo, dos docentes pueden percibir matices distintos en el comportamiento de un mismo alumno, según su ubicación dentro del aula.

2. La **interpretación (I)** consiste en el procesamiento cognitivo de la información percibida, en el que intervienen experiencias previas, marcos teóricos y el contexto sociocultural. Es la responsable de que asignemos un significado a lo que percibimos, relacionándolo con nuestra experiencia y conocimientos previos. Ejemplo: La misma conducta de distracción en un alumno puede interpretarse de manera distinta: como una señal de desinterés o como indicio de dificultades en el proceso de aprendizaje, según la formación y la experiencia del observador.

3. Los **conocimientos previos (Pk)** que mantenemos en la memoria son los saberes y experiencias acumuladas que influyen en la forma en que se observa y se analiza el comportamiento o fenómeno. Gracias a la memoria comparamos lo observado con lo que ya sabemos para contextualizar y comprenderlo mejor. Ej: Un docente con formación en psicopedagogía puede detectar dificultades de aprendizaje sutiles que otros, con menos formación en el área, podrían pasar por alto.

4. Los **sesgos (B)** son factores que pueden distorsionar el proceso observacional, tanto por limitaciones físicas (ángulo de visión, interferencias) como por predisposiciones personales o errores metodológicos. Ejemplo: El efecto de "anclaje" puede hacer que el primer juicio o impresión sobre un alumno influya de manera desproporcionada en la interpretación de comportamientos posteriores. Sesgos: Factores personales o externos pueden influir en cómo interpretamos lo que observamos.

5. Por último, hay un factor que no se suele incluir en la ecuación porque no es propiamente una facultad mental o corporal, pero que sin embargo es central. Este es el **contexto (C)**. El contexto atiende e incorpora los elementos externos que influyen en la observación, como la iluminación, el ruido, el ángulo de visión o el entorno sociocultural.

Si integramos cada uno de esos componentes en una ecuación, que refleje todo lo que sucede durante la observación, podríamos redactarlo del siguiente modo (Anguera, 1988; Nieto-Martín, 2010):

$$O = P + I + Pk - B \text{ (Contexto)}$$

Factores del proceso observacional

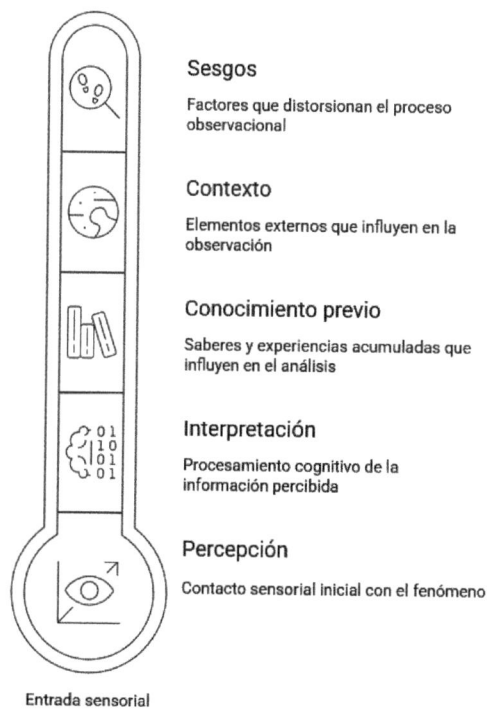

Figura 4.
Resumen de los componentes cognitivo-corporales y contextuales del proceso de observación

Analizar los sesgos que afectan a la observación es muy importante para reconocer las limitaciones en los estudios de este tipo. Entre los sesgos que pueden afectar a la observación se encuentran los físicos, los prejuicios, los errores metodológicos y/o de interpretación.

1. *Los sesgos físicos o contextuales* incluyen problemas relacionados con el entorno, como una iluminación deficiente, una obstrucción visual o la falta de herramientas adecuadas para registrar la observación.

2. *Prejuicios personales*: Distorsiones causadas por nuestras expectativas, creencias o estados emocionales. Algunos ejemplos incluyen:

- Efecto de expectativa: Ver solo lo que esperamos ver.
- Reactividad: El comportamiento de los observados cambia porque saben que están siendo observados.
- Reactividad recíproca: Este tipo de reactividad es más complejo, ya que implica una influencia mutua entre observadores y observados. En esta situación, ninguna de las partes se comporta con total naturalidad, creando una dinámica de interacción artificial. Esto puede distorsionar significativamente los resultados de la observación
- Autorreactividad: Cuando una persona modifica su comportamiento porque se siente evaluada.

3. *Errores metodológicos y de interpretación*: Problemas en la forma en que se diseña o realiza la observación. Algunos ejemplos son:
- Errores de atención: Pasar por alto detalles importantes.
- Errores de percepción: Distorsiones causadas por la ubicación del observador.
- Errores de interpretación: Diferentes observadores pueden interpretar la misma situación de manera distinta debido a su experiencia o conocimientos previos.

Para minimizar estos sesgos, es fundamental planificar la observación de manera estructurada, utilizar herramientas de registro complementarias y ser conscientes de cómo pueden influir en nuestra percepción.

Objetividad y subjetividad de la observación

La observación es un proceso que combina una dimensión perceptiva, que registra de manera directa lo que se percibe a través de los sentidos, y otra interpretativa, que elabora de significados a partir de conocimientos previos, experiencias personales y sesgos inconscientes. Esto quiere decir que toda observación imbrica una dimensión objetivable y otra subjetivable al mismo tiempo. En ocasiones el proceso observacional tiene más importancia una parte o la otra parte. Esto hace posible diferenciar dos tipos de observaciones: aquellas que se acercan más a la objetividad, al limitarse a la descripción de hechos observables, y otras que, al incorporar interpretaciones, prejuicios o categorías personales, presentan un mayor grado de subjetividad. Ambas formas de observación son valiosas, siempre que se utilicen con un propósito claro y se comprendan sus alcances y limitaciones. La tabla 1 sintetiza las diferencias entre las observaciones objetivas y subjetivas (Peterson & Elam, 2020).

Tabla 1.

Diferencias entre observaciones objetivistas y subjetivistas

Observaciones objetivas	Observaciones subjetivas
Se basan exclusivamente en lo percibido a través de los sentidos. Registran lo que ocurre sin interpretaciones personales.	Están influenciadas por experiencias previas, creencias personales y opiniones, lo que puede distorsionar o sesgar la información recopilada.
La información se fundamenta en hechos verificables. Si un evento no es percibido directamente, no se debe informar. Las descripciones deben ser precisas y detalladas.	La información se basa en suposiciones, creencias o elaboraciones personales, lo que puede derivar en conjeturas o interpretaciones erróneas.
Los registros son más válidos y confiables, ya que permiten evaluar el comportamiento en distintos momentos y contextos de manera consistente.	Los registros pueden ser inconsistentes y variar dependiendo de la percepción del observador, dificultando la comparación entre niños o situaciones.

Las observaciones más objetivistas suelen centrarse en el estudio de comportamientos y entornos educativos, registrando lo que ocurre sin añadir interpretaciones personales. En cambio, las observaciones subjetivas tienden a enfocarse en las vivencias, experiencias y emociones del observador. En algunas técnicas de observación, como sucede en el registro anecdótico, se combinan ambos enfoques. Este método suele incluir dos secciones diferenciadas: una descripción objetiva de los hechos, en la que se evita cualquier tipo de juicio o interpretación, y una segunda columna donde se analizan posibles causas, significados o interpretaciones del fenómeno observado. De esta manera, se logra un equilibrio entre la recopilación de información fiel a la realidad y el análisis reflexivo de los eventos.

Observación como método y como técnica

Para orientar correctamente el proceso de investigación observacional, es crucial distinguir entre la observación como método y como técnica. Según la importancia que tenga la observación en todo un proceso completo de investigación, determinaremos si se utiliza como método o como técnica (figura 5).

Entenderemos la observación como **método de investigación** cuando esta esté presente en todas las fases del proyecto. Es decir, que al abordar el estudio de un fenómeno, la dimensión observacional esté presente desde la formulación del problema hasta la comunicación de los resultados. Bajo este enfoque la observación no solo funciona como un medio para recolectar datos, sino como una estrategia integral. Al adoptar la observación como método, el investigador se compromete a seguir todo el proceso científico y cada una de las fases generales del método científico: delimitación del problema, recogida y registro de datos, análisis e interpretación, y comunicación de resultados.

Por otro lado, la observación **como técnica** se entiende como una herramienta específica que se integra en un marco metodológico más amplio. En este contexto, la observación se utiliza de manera complementaria junto a otros instrumentos, como entrevistas, encuestas o análisis de documentos, para obtener datos puntuales y profundizar en aspectos concretos de la realidad estudiada. Por ejemplo, en una investigación etnográfica, la observación participante puede complementar la información obtenida en las entrevistas.

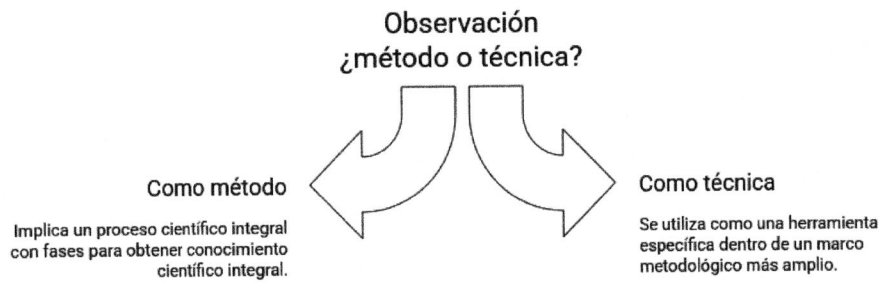

Figura 5.
Diferencias entre la observación como método y la observación como técnica

Escoger la observación como método de investigación o como técnica va a definir el alcance y la profundidad de la investigación, va a influir en el diseño metodológico y va a garantizar la coherencia y rigor científico

Tipos de observación

La observación puede realizarse de muy diversos modos. Esto permite distinguir diversos subtipos de observación que, además, se pueden clasificar según distintos criterios metodológicos. Así, según el grado de estructuración, podemos distinguir entre observación muy estructurada o sistemática, semi-sistemática y no sistemática. También, en función del marco epistemológico, puede diferenciarse entre enfoques inductivos o deductivos. Según el grado de manipulación de las variables, la observación puede integrarse en diseños experimentales o no experimentales. O si tenemos en cuenta la participación y el grado de introducción en el ambiente, se puede analizar una investigación participante o no participante. A continuación, se presenta una síntesis más detallada de los principales subtipos de observación según seis criterios de clasificación, también representados en la figura 6.

1. El grado de sistematización refleja el nivel de planificación y estructuración de la observación y determina la profundidad de los datos obtenidos. De acuerdo con este criterio, se reconocen tres modalidades principales:

- **Observación no sistemática o no estructurada** en la que el investigador se apoya en registros narrativos, sin contar con una gran planificación previa. Puede ser únicamente con una idea o pregunta en mente. Esta forma de observación es bastante intuitiva y flexible, lo que permite captar la complejidad y la riqueza de los fenómenos en contextos naturales. No obstante, el registro que genera es poco organizado y dificulta comparar y cuantificar los datos. Un ejemplo puede ser un profesor de educación física que evalúa intuitivamente la ejecución de un deporte sin emplear instrumentos específicos de registro.

- La **observación semi-sistemática** establece una organización parcial del proceso, definiendo objetivos y delimitando aspectos temporales y espaciales de la observación, pero sin llegar a generar un sistema de categorías completo con todas las conductas observables. Permite identificar conductas o secuencias clave, prestando la atención en eventos específicos pero sin considerar todas las variables de forma previa.

- La **observación sistemática s**e basa en una planificación meticulosa en la que se establecen criterios, categorías y tiempos precisos para el registro de datos. La utilización de herramientas estructuradas, como tablas y escalas de medición, permite obtener información cuantificable y facilitar la comparación de resultados.

2. Según la estrategia de registro. se pueden identificar subtipos por el modo en que se orienta la recopilación de datos, pudiendo ser inductiva o deductiva:

- La **observación inductiva** es aquella en la que el investigador recopila datos sin partir de categorías preestablecidas, sin extraerlos del marco teórico sino de la realidad, permitiendo que los patrones emergentes se definan desde la experiencia empírica.

- La **observación deductiva**, por el contrario, se fundamenta en un marco teórico previo y en hipótesis. Es decir, las categorías de observación se fijan de antemano. Se procede yendo de la teoría a la práctica. Esto es, buscando si en la realidad aparecen las categorías teóricas.

3. Según el grado de control sobre las variables, la observación puede adoptar distintos grados de intervención:

- La **observación no experimental** se efectúa en condiciones naturales, sin intervenir en el desarrollo del fenómeno.

- La **observación experimental s**e caracteriza por la manipulación deliberada de variables en un entorno controlado para examinar sus efectos en el fenómeno observado. Este enfoque permite establecer relaciones de causalidad, aunque implica una mayor intervención del investigador.

4. Según la relación entre el observador y el objeto de análisis se pueden identificar 3 tipos de observación:

- **Observación no participante** cuando el investigador se sitúa de manera discreta y se mantiene al margen del proceso, minimizando su influencia sobre el fenómeno. Por ejemplo, un investigador que se ubica discretamente en el aula para registrar dinámicas durante el recreo se enmarca en este tipo de observación.

- **Observación participante** cuando el observador se integra activamente en el entorno, lo que le permite acceder a significados y contextos más profundos. Esta estrategia favorece la comprensión profunda de los significados, interacciones y comportamientos, pero, al mismo tiempo, aumenta el riesgo de introducir sesgos subjetivos debido a la implicación afectiva del investigador.

- **Autoobservación** cuando el propio investigador observe y analice sus propias conductas y procesos, reflexionando críticamente sobre su actuación e identificando posibles mejoras en la práctica.

5. Según la *forma de registrar la información*, se identifican formas directas e indirectas:

- La **observación directa** contempla la percepción sensorial integral del fenómeno, pudiendo complementarse con otros registros audiovisuales (vídeo, fotografías).

- La **observación indirecta** es la que se basa en el análisis de datos secundarios, tales como documentos, informes narrativos o diarios de campo.

6. *Según el número de observadores* se puede realizar de forma individual o grupal:

- La **observación individual** es llevada a cabo por un único investigador, lo que permite una aproximación personal y detallada al fenómeno, aunque puede limitar la perspectiva y aumentar los sesgos.

- La **observación grupal** es aquella en la que participan varios profesionales en el proceso. Esta multiplicidad facilita la comparación, la validación cruzada de los datos (triangulación interobservadores) y enriquece el análisis mediante la integración de diversas perspectivas y competencias interdisciplinarias. También favorece la objetividad.

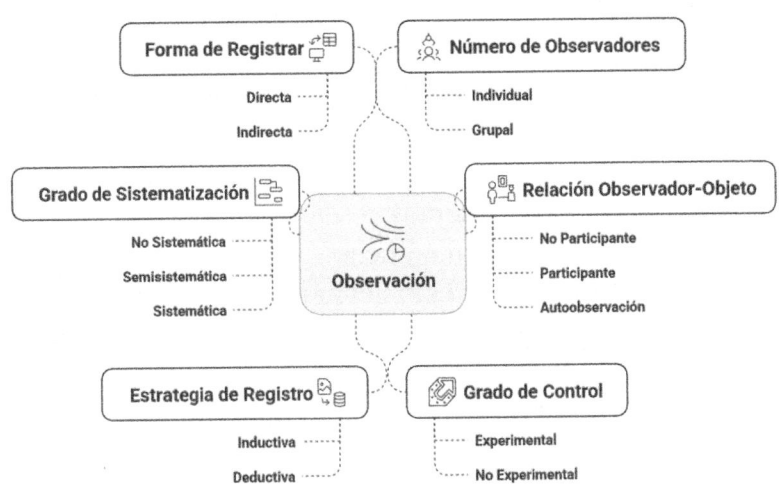

Figura 6.
Subtipos de observación según diferentes criterios

Aplicación de la observación en el ámbito socioeducativo

La observación es una herramienta que nos permite recoger información directa de lo que ocurre en situaciones reales, tal como se dan en la vida cotidiana sin alterar el contexto. Por eso, resulta útil en muchos campos del conocimiento. En el ámbito socioeducativo, la observación tiene un valor especial, sobre todo cuando se aplica en el aula. Observar una clase, la llamada observación de aula, nos ayuda a comprender mejor cómo se desarrolla la enseñanza, cómo aprenden los estudiantes y qué aspectos pueden mejorarse (Hardman, & Hardman, 2017). En el ámbito de la educación infantil, la observación es clave para identificar conductas disruptivas y diseñar intervenciones oportunas que favorezcan un desarrollo armónico. Al observar con atención, el docente descubre no solo lo que un niño hace, sino también cómo y por qué lo hace, lo que facilita la toma de decisiones informadas para potenciar su aprendizaje y bienestar.

Entre las aplicaciones educativas más importantes se encuentran (O'Leary, 2020):

1. La **evaluación de los procesos pedagógicos**, que permite identificar fortalezas y áreas de mejora en la enseñanza. Por ejemplo, al observar cómo el alumnado participa en una actividad cooperativa, el docente puede detectar barreras que dificultan la integración (O'Leary, 2016).

2. El **diagnóstico y la adaptación de intervenciones**, ya que el registro detallado de comportamientos ayuda a detectar dificultades de aprendizaje o conductas atípicas. Por ejemplo, al observar a un niño con problemas de atención, es posible analizar si la causa es cognitiva, auditiva o ambiental y diseñar estrategias.

3. La **investigación educativa**, proporcionando datos cuantificables que permiten analizar tendencias y evaluar la efectividad de nuevas metodologías. Un estudio puede, por ejemplo, medir cómo evoluciona la participación tras implementar una estrategia innovadora.

4. La **gestión de conflictos y mejora del clima**, ya que permite identificar patrones y desencadenantes, y eso facilita la puesta en marcha de intervenciones que favorezcan un mejor clima en el aula.

La observación también está estrechamente vinculada a los procesos de innovación social y educativa. Con el tiempo se ha ido convirtiendo en una herramienta clave para comprender las dinámicas del aula, detectar desigualdades y dar respuestas ajustadas al contexto. Incorporar una observación sistemática y reflexiva en la práctica docente implica una transformación profunda de esta figura: el educador deja de ser un mero transmisor de contenidos para convertirse en un profesional capaz de captar con sensibilidad y rigor las realidades sociales del alumnado y conectar el aprendizaje con su entorno vital. Este docente no solo observa, sino que interpreta, reflexiona, crea y transforma, integrando la observación en una lógica de mejora constante (Hernández y Soriano, 1997). Utiliza la observación como herramienta diagnóstica, formativa y emancipadora, orientada a mejorar la práctica, fomentar la inclusión y activar el pensamiento crítico. Desde esta perspectiva, innovar no significa únicamente aplicar nuevas tecnologías o metodologías de moda, sino leer el entorno, adaptar estrategias, colaborar con otros agentes educativos y generar experiencias de aprendizaje con sentido. Como indica Soriano (2000), esta transformación requiere adoptar una actitud investigadora sobre la propia práctica, observando y analizando para tomar decisiones que respondan a las necesidades reales del aula.

Recientemente, han surgido nuevas formas de observación vinculadas a enfoques de innovación educativa (O'Leary, 2020):

1. La observación orientada al mentoring y coaching que apuesta por el acompañamiento profesional y el diálogo reflexivo como motor del desarrollo docente, dejando atrás un enfoque centrado en la evaluación.

2. La observación entre iguales (POT) crea espacios seguros y colaborativos donde los docentes comparten y piensan juntos sus prácticas, desde el respeto y el aprendizaje mutuo.

3. El modelo VEO (Video Enhanced Observation) que permite grabar y analizar momentos clave de la enseñanza, generando evidencias visuales que enriquecen la reflexión y la mejora continua.

4. La reactualización del clásico método *Lesson Study,* de origen japonés, que propone que los docentes investiguen juntos un reto del aula, planifiquen una clase, observen cómo aprenden los alumnos y mejoren la propuesta de forma colectiva.

Ventajas y limitaciones de la observación

Son muchas las ventajas que ofrece la observación como método de investigación científica, especialmente cuando se aplica de forma sistemática, ya que permite un conocimiento progresivo y afinado del fenómeno estudiado (Haep et al. 2026). Al desarrollarse en contextos reales, proporciona una visión auténtica de los comportamientos, dotando al análisis de una alta validez ecológica -capacidad para generalizar los resultados a otros contextos-. Por otra parte, su capacidad para captar detalles sutiles -como gestos, silencios o reacciones espontáneas- la convierte en una herramienta idónea para desentrañar aspectos emocionales, sociales o cognitivos que a menudo pasan desapercibidos. Además, resulta especialmente útil en el trabajo con personas que presentan dificultades para expresarse verbalmente, como niños pequeños o individuos con discapacidades, ya que permite acceder a su mundo sin necesidad de mediadores. Por último, cabe apuntar que su riqueza aumenta cuando se combina con otras técnicas como entrevistas, registros o pruebas estandarizadas, completando así una mirada más amplia y profunda sobre el objeto de estudio.

Sin embargo, también presenta limitaciones que deben tenerse en cuenta. No siempre es posible observar los momentos clave, ya que muchos comportamientos ocurren de forma inesperada y escapan a la presencia del observador. Otra gran debilidad, quizá la más importante, es que el contexto puede interferir en el proceso, ya sea por interrupciones, ruidos o ausencias, lo que afecta la calidad y continuidad del registro. Asimismo, la codificación -traducir los datos observacionales a números, categorías o códigos- exige una formación rigurosa y cuidadosa, ya que cualquier error puede comprometer la validez de los resultados. La observación no permite acceder directamente a procesos internos como pensamientos o emociones profundas, lo cual limita su alcance interpretativo. Requiere también tiempo, planificación y repetición en distintos contextos para garantizar fiabilidad, algo que no siempre es viable en la práctica. A esto se suma el hecho de que la mirada del observador nunca es completamente neutral, pues está condicionada por sus experiencias, creencias o estado emocional, lo que puede introducir sesgos involuntarios en la interpretación de lo observado.

La figura 7 muestra de manera organizada las ventajas y desventajas:

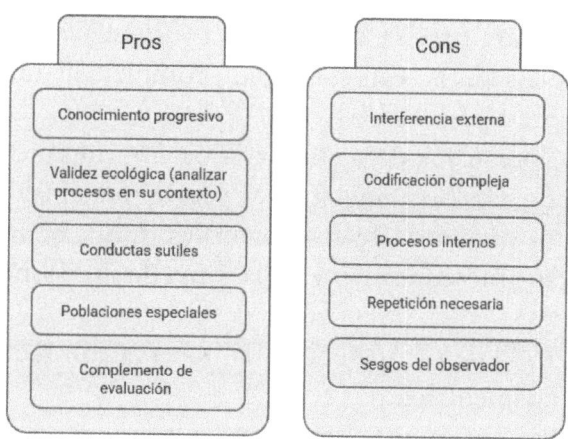

Figura 7.
Ventajas y desventajas de la observación sistemática

Formación y entrenamiento de un buen observador

Para acabar este primer capítulo, hay que enfatizar que la calidad de la observación depende en gran medida de las capacidades del observador. No hay que preocuparse en exceso si cuando una persona lee esto, todavía no se siente capaz. Observar bien y hacerlo de manera focalizada, precisa y orientada a los objetivos es algo que se puede entrenar. Observar sistemáticamente es una práctica que cuanto más se trabaja mejor y más rica resulta. Pero, por supuesto, para convertirse en un buen observador/a hay que conocer las cualidades de un observador competente (Tomé-Fernández, 2019).

Aquí proponemos que un observador/a debe:
- Tener conocimiento sobre el aspecto fenómeno o comportamiento que se desea observar. Si es el desarrollo infantil, debe manejarlo como para poder identificar las distintas etapas, comportamientos y necesidades de los niños en diversos contextos educativos y sociales.

- Demostrar empatía y habilidades sociales interpersonales para generar un ambiente de confianza y naturalidad que favorezca la espontaneidad entre los sujetos participantes (en este caso, los niños) y facilitar una observación auténtica de sus interacciones, emociones y aprendizajes.
- Dominar el uso de escalas de observación, instrumentos de evaluación y sistemas de codificación, asegurando la correcta aplicación de herramientas metodológicas que permitan recoger información objetiva y estructurada sobre el comportamiento infantil.
- Integrar y combinar diversas estrategias de recolección de datos, como la observación sistemática, entrevistas con docentes y familias, análisis documental y otras técnicas que complementen la información obtenida y brinden una visión más amplia y precisa del desarrollo del niño.
- Registrar de manera precisa, organizada y sistemática las observaciones, garantizando que los datos sean confiables, completos y útiles para su posterior análisis e interpretación.
- Analizar e interpretar los datos observados con un enfoque crítico y reflexivo, minimizando posibles prejuicios o sesgos personales, y asegurando que las conclusiones obtenidas sean imparciales, fundamentadas y aplicables en la mejora del entorno educativo y en la toma de decisiones pedagógicas.

Además del desarrollo de competencias, la observación requiere ciertas disposiciones y actitudes fundamentales.

Observar de forma significativa implica estar presente, informado, ser curioso y actuar con un propósito claro. Estar presente supone prestar atención plena a lo que sucede, captando gestos, palabras y matices que a menudo pasan desapercibidos, especialmente en contextos dinámicos como el aula. Estar informado permite interpretar lo observado con criterio, apoyándose en los conocimientos sobre desarrollo infantil y educación temprana. Ser curioso implica adoptar una mirada investigadora, hacerse preguntas, explorar diferentes perspectivas y buscar comprender en profundidad a cada niño. Finalmente, ser intencional significa observar con un objetivo definido, recogiendo datos de forma consciente y utilizando cada situación como una oportunidad para enriquecer el aprendizaje y el desarrollo.

Ahora bien, para desarrollar estas competencias observacionales no basta con una buena disposición: es necesario un proceso de formación y entrenamiento, tanto teórico como práctico. Este aprendizaje implica comprender los fundamentos metodológicos de la observación, conocer las definiciones y clasificaciones de comportamientos, y familiarizarse con las categorías y límites de análisis. También incluye la realización de ejercicios mediante visionado de vídeos, simulacros de registro, intercambios con otros observadores para ajustar y consensuar los sistemas de categorías, y la puesta en marcha de pruebas piloto que permitan evaluar la precisión en el registro y la fiabilidad interobservador. Todo este proceso debe ir acompañado de una aplicación gradual en contextos reales y de una constante retroalimentación, clave para consolidar la autonomía y alcanzar la excelencia en la práctica observacional.

En línea con todos los aspectos y cualidades señaladas, la tabla 2 recoge distintas estrategias de entrenamiento para la observación en el aula.

Tabla 2.

Descripción de diferentes estrategias de observación. Adaptada a partir de Tomé- Fernández (2019).

Estrategia	Descripción	Objetivo
Radiografía o maqueta del aula	Elaborar un esquema, dibujo o gráfico del aula, incluyendo la disposición de los recursos, materiales y rincones de trabajo.	Comprender la organización espacial y material del aula para su análisis.
Capturas en el aula	Plantear una tarea concreta y observar las respuestas del alumnado y del docente durante su desarrollo. Describir las reacciones, interacciones y cambios en el entorno.	Analizar el comportamiento y las dinámicas en el aula ante una instrucción específica.
Elaboración de un guión de preguntas observacionales	Formular preguntas clave para guiar la observación en torno a un tema concreto (ej. igualdad de género, necesidades educativas especiales, desarrollo emocional).	Focalizar la observación en aspectos relevantes y facilitar un análisis estructurado.
Biograma o registro anecdótico	Representación gráfica o narrativa de la trayectoria profesional y biográfica de un docente, destacando acontecimientos significativos.	Identificar factores que han influido en la identidad y evolución profesional de un docente.
Grabación en vídeo al profesor	Registrar una clase en video y analizarla detenidamente, identificando estrategias docentes, interacciones y dinámicas.	Reflexionar sobre la práctica docente y mejorar la observación de procesos educativos.
Ejercicios de memoria	Recordar un escenario observado y redactar notas de campo. Luego, volver al lugar y comparar los recuerdos con la realidad. También se puede aplicar a la observación de un objeto.	Desarrollar la capacidad de retención y precisión en la observación.
Observación sin sonido y escucha sin observación	Analizar una grabación sin sonido y describir únicamente lo que se percibe visualmente. Luego, comparar con la percepción al escuchar el audio sin ver la imagen.	Diferenciar la información obtenida a través de distintos canales sensoriales.
Observación fotográfica	En parejas: una persona toma fotografías de una situación y la otra describe lo observado en ellas. Luego, se compara la interpretación de ambas.	Mejorar la precisión descriptiva y la interpretación visual.

Contraste entre observaciones participantes y no participantes	En parejas: una persona observa desde dentro del grupo (observador participante) y la otra desde afuera (observador externo). Luego, se comparan las notas.	Analizar la influencia del rol del observador en la interpretación de los hechos.
Ejercicios de centrado	Observar un recurso audiovisual (por ejemplo, una película) enfocándose en un solo aspecto (ej. lenguaje corporal). Luego, se evalúan aspectos generales de la obra.	Entrenar la capacidad de focalización y análisis detallado.
Ejercicio de observación-dibujo-observación	Observar una imagen y tomar notas. Luego, dibujarla y volver a describirla, evaluando si aparecieron nuevos detalles.	Favorecer la atención al detalle y la percepción progresiva de elementos.

3. Actividades

Actividad 1. Análisis descriptivo de una imagen

Objetivo: Desarrollar la capacidad de observar de manera detallada ys sistemática los elementos y conductas que se muestran en una imagen, reflexionando sobre los procesos involucrados en la observación y reflexionando críticamente sobre los mismos.

Instrucciones:

1. Selecciona una imagen en la que se observe a un profesor en su pupitre rodeado de alumnos.

2. Realiza una descripción detallada de la escena, diferenciando entre:

- *Elementos perceptivos*: Aquellos que pueden captarse directamente con los sentidos (por ejemplo, la postura del profesor, la distribución de los alumnos, la iluminación del aula, etc.).
- *Elementos interpretativos*: Juicios, inferencias o significados asociados a lo observado (por ejemplo, si la disposición del aula refleja una relación jerárquica o participativa).

3. Comparación y análisis:
- Compara tu descripción con la de un compañero.
- Identifica similitudes y diferencias.
- Reflexiona sobre cómo factores personales, experiencia previa o sesgos pueden haber influido en la forma en que cada uno percibió la imagen.

Actividad 2. Observación de videos explicativos sobre la observación (en inglés)

Vídeo 1: El papel de la observación en un servicio para la primera infancia

Objetivo: Comprender la importancia de la observación en la educación infantil y su impacto en la mejora de la práctica docente y el desarrollo infantil.
Instrucciones:
1. Antes del vídeo:
- Reflexiona sobre la importancia de la observación en la primera infancia.
- Anota preguntas clave sobre lo que esperas aprender.
2. Ver vídeo (7 min en inglés): https://www.youtube.com/watch?v=8O5jP6GCxx0
3. Durante el vídeo:
- Toma notas sobre las estrategias y beneficios de la observación.
- Identifica ejemplos donde la observación ha sido clave para mejorar la enseñanza.
4. Después del vídeo:
- Analiza la información destacada.
- Reflexiona sobre cómo podrías aplicar estas estrategias en tu entorno educativo.
- Discute con tus compañeros sobre los desafíos de una observación objetiva.

Vídeo 2: El impacto de la observación

Objetivo: Explorar cómo la observación ayuda a identificar el desarrollo, necesidades y comportamiento de los niños pequeños.
Instrucciones:
- Sigue las mismas que en el video 1.
- Visualiza el video 2: Ver vídeo (7 min en inglés):

Actividad 3. Reflexión crítica sobre la observación

Objetivo: Reflexionar críticamente sobre el proceso de observación y todos los elementos que influyen sobre la misma.

Instrucciones:
1. Profundiza en la diferencia entre "ver", "mirar" y "observar".
2. Reflexiona sobre cómo la intencionalidad, el tiempo dedicado y el esfuerzo cognitivo influyen en la calidad de la información obtenida mediante la observación.
3. Responde:

a. ¿Por qué la observación requiere más que una simple percepción sensorial?

b. ¿Cómo influye el tiempo en la profundidad de la observación?

c. ¿De qué manera los conocimientos previos del observador pueden afectar la interpretación de los hechos?

d. ¿Por qué una observación superficial puede llevar a conclusiones erróneas o sesgadas, mientras que una observación prolongada y detallada permite captar matices y patrones en el comportamiento de los sujetos observados?

Actividad 4. Autoobservación y análisis de sesgos

Objetivo: Mejorar la capacidad de observación reflexiva, reconociendo la influencia de sesgos y experiencias personales, y proponiendo estrategias para lograr una observación más objetiva y rigurosa.

Instrucciones:
1. Lleva un diario de campo durante al menos tres días, registrando situaciones cotidianas en las que actúes como observador de tu entorno educativo o social.
2. Reflexiona sobre tus propias reacciones y comportamientos en las situaciones registradas.
3. Analiza en qué medida:
- Tus conocimientos previos han influido en la forma en que interpretaste lo observado.
- Posibles sesgos personales o emocionales pudieron alterar tu percepción.
4. Escribe un breve informe en el que concluyas:
- ¿Cómo podrías mejorar tu capacidad de observación para hacerla más objetiva y rigurosa?
- ¿Qué estrategias podrían ayudar a minimizar la influencia de prejuicios o expectativas en la observación?

Actividad 5. Tipos de observación y análisis aplicado

Objetivo: Identificar el tipo de observación utilizada en un caso práctico educativo, analizando sus ventajas y limitaciones, y proponiendo mejoras para aumentar la precisión y objetividad del proceso observacional.

Instrucciones:

1. Lee un ejemplo de observación en un contexto educativo.

Caso:

Un docente-investigador desea analizar las estrategias de enseñanza y la participación de los estudiantes en una clase de ciencias naturales de 6° grado en una escuela primaria. Para ello, decide realizar una observación, involucrándose activamente en el proceso de enseñanza-aprendizaje.

Desarrollo de la observación:

El docente-investigador asiste a varias sesiones de clase y adopta el rol de asistente del profesor titular. Durante la observación, ayuda a los estudiantes a realizar experimentos, resuelve dudas y fomenta la participación en actividades grupales. Mientras interactúa con los alumnos, toma nota sobre su nivel de interés, las dificultades que enfrentan y las estrategias pedagógicas que parecen más efectivas.

En una de las clases, se realiza un experimento sobre la fotosíntesis. El investigador observa que los estudiantes muestran mayor interés cuando participan activamente en la preparación del experimento, en comparación con las explicaciones teóricas. También nota que algunos alumnos tienen dificultades para comprender ciertos conceptos y requieren ejemplos visuales adicionales.

2. Responde a las siguientes preguntas:

- ¿Qué tipo de observación se realizó en el caso analizado (participante, no participante, estructurada, no estructurada, etc.)?
- ¿Cuáles son las ventajas y limitaciones de este tipo de observación?
- ¿Cómo podrías mejorar el proceso de observación para hacerlo más preciso y objetivo?

4. Autoevaluación

Se proponen a continuación diversas preguntas de autoevaluación del capítulo:

1. ¿Qué caracteriza a una observación espontánea u ordinaria?

a. Se planifica a un nivel bajo o moderado

b. Se realiza sin hipótesis previas

c. Trata de responder a preguntas de investigación

d. Suele registrarse en algún soporte

2. ¿Qué aspecto del proceso observacional puede generar mayor coincidencia entre dos observadores distintos?

a. Los conocimientos previos

b. La interpretación

c. La percepción

d. Los sesgos

3 ¿En qué consiste el sesgo de reactividad recíproca?

a. Cuando ni los observados ni los observadores se comportan con naturalidad, ambos se influyen mutuamente.

b. Cuando el observado piensa que debe comportarse de una determinada manera porque se le evalúa.

c. Cuando el observador busca unos datos y los encuentra bien por el conocimiento previo que tiene o bien por el deseo de obtener unos resultados determinados.

d. Cuando un determinado comportamiento no se registra o no se atiende, y los errores de comisión en los que se destaca un comportamiento diferente al que se está produciendo.

4. ¿Qué aspecto no es propio de una observación sistemática?

a. Modificar las variables seleccionadas que afectan a la realidad estudiada para verificar hipótesis

b. Usar un registro objetivo, sistemático y específico de la conducta/hechos que se producen en un contexto

c. Llevar a cabo una adecuada codificación y análisis para obtener resultados válidos

d. Estructurar la observación de forma previa a su realización, definiendo qué se va a observar (conducta, espacio, tiempo)

5. ¿Qué es correcto sobre la observación no participante?

a. No controla las variables que desean estudiar.

b. Se realiza siempre a través de medios audiovisuales.

c. Se realiza siempre entre varias personas.

d. Se realiza minimizando la interacción con el objeto de estudio.

CAPÍTULO 2.
PLANIFICACIÓN, PROCESO Y FASES DE UN PROYECTO DE INVESTIGACIÓN OBSERVACIONAL

• •

A lo largo de este capítulo se describe cómo se planifica el proceso de observación, así como los componentes que definen un proyecto de investigación observacional en cada etapa.

1. Preparación

Actividad 1. Exploración de la mirada investigadora ¿Qué nos impulsa a mirar con atención o a querer ir más allá?
- Toma conciencia de cómo observamos habitualmente, y reflexiona sobre el paso de la mirada espontánea a la mirada investigadora.
- Ejercicio: Recuerda una situación reciente en la que observaste con atención (en casa, en redes, en la calle, etc.).
- Describe qué te llamó la atención y por qué. ¿Querías entender algo o simplemente te intrigaba? ¿Te surgió alguna pregunta que podría investigarse?
- Reflexiona por escrito sobre qué diferencia hay entre observar por curiosidad y observar con intención investigadora.

Actividad 2. Representación del proceso de observación
- ¿Qué pasos seguirías para investigar algo que te interesa observar? Intenta adivinar las fases que implica una investigación observacional.
- Ejercicio: Elige un tema que te interese (ej.: "cómo interactúan los niños en un parque" o "el uso del móvil en la biblioteca"). Dibuja una ruta, mapa o esquema con los pasos que crees necesarios para investigar ese fenómeno. Usa dibujos, palabras clave, flechas o símbolos según prefieras. Incluye: ¿qué quieres saber?, ¿a quién observarías?, ¿dónde?, ¿cómo recogemos la información?, ¿qué harías luego?

Actividad 3. Cómo lograr una buena observación
- ¿Qué convierte una observación informal en una observación válida para investigar? Piensa las condiciones que hacen que una observación sea sistemática, rigurosa y útil.

- Ejercicio:
  - Lee el siguiente caso: Una estudiante observa a su hermano pequeño durante dos tardes mientras juega con la tablet y toma algunas notas en su libreta.
- Ahora responde: ¿Tiene valor como observación? ¿Qué le falta para que se considere investigación observacional? ¿Qué elementos o decisiones debería haber incluido ¿Qué instrumento podría haber usado para mejorarla?
- Piensa ¿qué condiciones mínimas debe cumplir una observación para ser considerada científica?

Actividad. 4. Iniciación al registro de conductas

- Desarrollo: Cada participante será un "Detective de la conducta", asignándole o eligiendo una categoría clara (ej., "Movimiento activo", "Colaboración" o "Expresiones positivas").
- Se observarán 5-10 minutos de un video sobre el recreo infantil (ej. https://www.youtube.com/watch?v=TM7cg1IB-Ew), registrando exclusivamente la ocurrencia de la conducta asignada.
- Puesta en común: Se realizan preguntas para el grupo para analizar la frecuencia y facilitar la reflexión sobre la facilidad de la observación concreta.
  - ¿Qué conducta fue más frecuente?
  - ¿Cuándo ocurrieron más eventos?
  - ¿En qué zonas del recreo?
  - ¿Fue fácil o difícil observar?

2. Contenido

Para llevar a cabo una observación sistemática es imprescindible realizar una planificación previa en la que se especifiquen todos los aspectos necesarios para recoger la información de forma ordenada, precisa, regular y rigurosa. La observación puede darse, tal y como se ha señalado, como técnica de investigación complementaria dentro de proyectos más amplios que no se centran exclusivamente en la observación; o bien como método principal, estructurado en un conjunto de pasos secuenciales orientados a alcanzar un objetivo que puede abordarse desde una perspectiva observacional. En este último enfoque la observación está presente en todo el proceso de investigación, de la primera fase a la última. En este capítulo abordaremos, en primer lugar, las fases de un proyecto de investigación observacional en su totalidad, para posteriormente ir profundizando en cada una de las etapas, incluyendo cómo planificar una observación sistemática.

El proyecto de investigación observacional y sus fases

La observación sistemática, al tratarse de un método no invasivo, permite recopilar información sin alterar de forma significativa el comportamiento de los sujetos estudiados. Su objetivo no se reduce a la mera recogida de hechos visibles, sino que intenta ir más allá identificando patrones, regularidades y significados en el comportamiento. Esto requiere una planificación rigurosa y una organización de fases bien delimitadas que articulen objetivos, diseño metodológico, análisis y resultados. Esta coherencia sólo es posible siguiendo una estructura lógica en etapas y poniendo cada una de ellas en relación con las demás. Un proyecto debe estructurarse en las siguientes fases (Anguera et al., 2003, 2011; Portell et al. 2015; Hernández-Sampieri, 2018):

1. **Planteamiento del problema y revisión del marco teórico.** Esta fase comprende la delimitación del objeto de estudio, la formulación de preguntas de investigación y objetivos claros, así como la revisión crítica de la literatura científica relevante. Cada vez más, también se incluye una planificación ética global en esta etapa.

2. **Operacionalización del objeto de estudio, y planificación de la observación.** Una vez definidos los objetivos, se concreta el comportamiento o fenómeno a observar mediante unidades de análisis claras, exhaustivas y mutuamente excluyentes. Es habitual establecer un sistema de categorías o una clasificación conductual ajustada a para la observación.

3. **Selección del diseño observacional.** Se elige el tipo de diseño más adecuado en función del grado de generalización buscado (idiográfico o nomotético), el número de dimensiones observadas (unidimensional o multidimensional) y la continuidad temporal (puntual o seguimiento). Los diseños se analizan en el capítulo 3.

4. **Selección del muestreo.** Incluye la selección de la técnica observacional (directa o indirecta; participante o no participante), la definición de los criterios de inclusión de casos o situaciones, y la elección del tipo de muestreo (eventual, temporal o por unidades conductuales).

5. **Diseño y validación de instrumentos de registro.** Se desarrollan matrices de observación, hojas de codificación o herramientas digitales ajustadas al sistema de categorías establecido.

6. **Recogida de datos.** La fase empírica del estudio se desarrolla siguiendo la planificación.

7. **Análisis de los datos observacionales.** Dependiendo de la naturaleza de los datos y del diseño adoptado, se aplican técnicas cualitativas, cuantitativas o mixtas.

8. **Interpretación y discusión de resultados.** Los resultados se interpretan a la luz del marco teórico, contrastando hallazgos con investigaciones previas y discutiendo implicaciones prácticas, limitaciones metodológicas y posibles líneas futuras de investigación.

9. **Comunicación y difusión científica.** Los hallazgos deben ser presentados mediante informes técnicos, artículos científicos, presentaciones académicas o materiales divulgativos.

La figura 8 sintetiza visualmente cada una de las etapas descritas.

Figura 8.
Proceso de investigación científica observacional

A continuación, vamos a ir detallando algunos aspectos importantes de cada una de las fases del proyecto descritas.

1) La pregunta de investigación observacional, objetivos y revisión bibliográfica

Toda investigación observacional bien fundamentada comienza con una primera fase de formulación de la pregunta de investigación, la definición de los objetivos y la revisión bibliográfica. Esta etapa inicial permite al investigador construir un marco sólido desde el cual observar, registrar e interpretar la realidad de forma sistemática.

La pregunta de investigación es el punto de partida. No se trata de cualquier interrogante, sino de una formulación clara, específica y pertinente, que delimita qué aspecto del comportamiento humano o del proceso se desea comprender. Redactar una pregunta de investigación observacional es central para orientar toda la investigación, porque en ella está implícito el diseño, la metodología, el objeto a observar. En estudios observacionales, la pregunta suele estar orientada a describir, analizar o comparar conductas tal como se producen en su contexto natural, sin manipulación de variables. La formulación de la pregunta debe ser lo suficientemente concreta para poder responderse con la investigación, pero lo bastante abierta como para permitir la complejidad del fenómeno observado. Para redactarla se puede usar el modelo FINER (Martin et al. 2023), que establece que una buena pregunta debe ser factible, interesante, novedosa, ética y relevante (figura 9).

A partir de esa pregunta se derivan los objetivos de la investigación, que se centran en convertir la pregunta general en metas observables, delimitadas y operativas. Esto implica que la redacción de los objetivos se deriva de las preguntas de investigación previamente formuladas. Los objetivos orientan qué aspectos se van a observar y bajo qué condiciones. En el caso de la observación sistemática, esto implica definir de forma explícita qué conductas, interacciones o eventos se van a registrar, en qué contexto, con qué nivel de detalle y durante qué intervalo de tiempo. Además, permiten seleccionar el tipo de diseño observacional más adecuado, ya sea unidimensional o multidimensional, puntual o de seguimiento, idiográfico (centrado en un caso) o nomotético (comparativo entre casos). Cuanto más claros y ajustados estén los objetivos, mejor será el estudio.

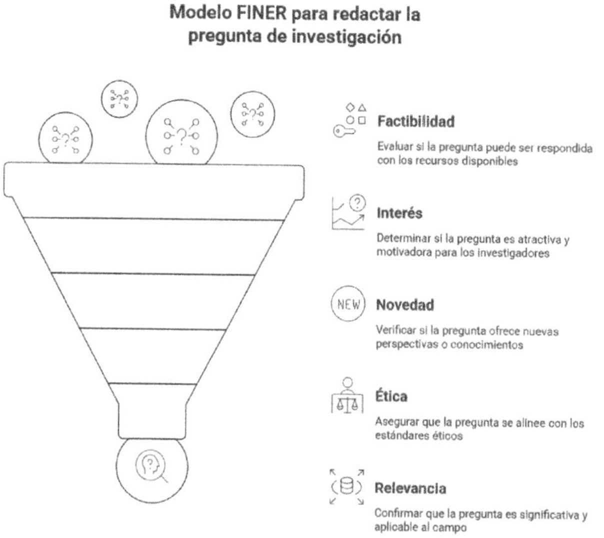

Figura 9.
Aspectos a considerar al redactar la pregunta de investigación

Cuando se tienen claros los objetivos generales y específicos, es fundamental la lectura sistemática de los estudios previos y las teorías existentes sobre el tema. La revisión debe servir para (1) conocer el estado actual del conocimiento, (2) identificar lagunas o inconsistencias en la literatura y (3) justificar la relevancia de su investigación. Para hacerlo adecuadamente es recomendable definir palabras clave, estrategias de búsqueda y bases de datos especializadas.

2) Operacionalización, construcción de sistema de categorías y planificación de la observación sistemática

Cuando el estudio está enfocado y se conoce teóricamente el fenómeno observacional, se debe plantear qué aspectos y unidades del mismo deben observarse (operacionalización), cuándo, cómo, dónde y quién debe observar, en función de los objetivos planteados. Llamamos operacionalización precisamente no solo a la identificación del comportamiento, espacio o realidad a medir, sino también a su conversión en unidades mínimas observables.

La figura 10 resume las principales preguntas que hay que formularse previamente a la observación en campo y las posibles respuestas que pueden ofrecerse. Estas engloban qué observar, quién debe observar, cuándo observar y dónde hacerlo.

Figura 10.
Aspectos a tener en cuenta en la planificación de la observación

¿Qué observar? Operacionalización de objeto, variables y sistemas de categorías observacionales

Definir el objeto de observación supone delimitar con claridad qué fenómeno se desea analizar empíricamente a través del método observacional. Este objeto puede referirse a conductas, interacciones, eventos o contextos, y debe estar vinculado de forma explícita con los objetivos del estudio y con las preguntas de investigación formuladas (Anguera, 2003; Portell, et al., 2015).En el ámbito educativo o socioeducativo, por ejemplo, el objeto de observación puede centrarse en:

- **Conductas verbales y no verbales**: expresión oral, gestos, posturas y lenguaje corporal.
- **Interacciones sociales**: cooperación, conflicto, regulación emocional entre iguales.
- **Relaciones espaciales**: movilidad, distribución en el aula, distancias interpersonales.
- **Uso del entorno**: interacción con materiales, disposición del espacio físico.
- **Expresividad motriz o afectiva**: lenguaje corporal ligado a emociones.

La figura 11 sintetiza los distintos tipos de unidades conductuales y espaciales observables en contextos sociales y educativos.

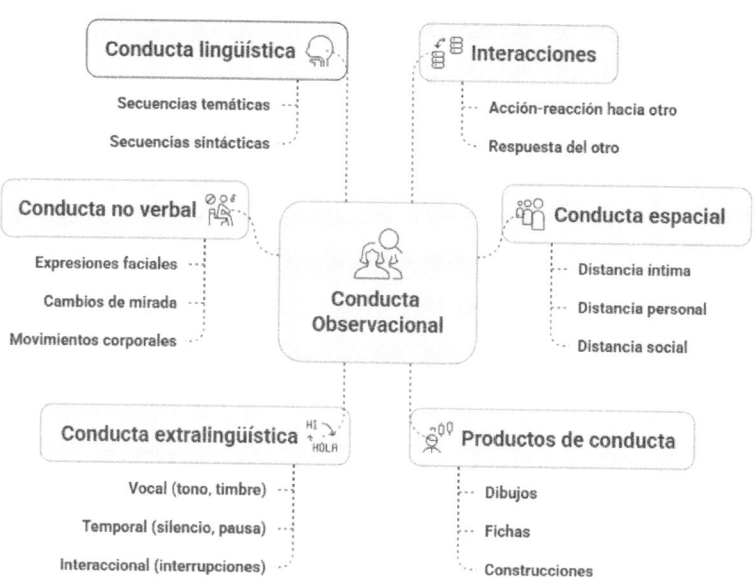

Figura 11.

Tipos de unidades conductuales observables propias de un fenómeno, comportamiento o problema social o educativo

Una vez que se han identificado las macroconductas, los tipos de unidades de conducta observables dentro de las macroconductas o fenómenos, hay que identificar de manera todavía más específica, cada una de las conductas observables. En palabras de Bakeman y Gottman (1989), el comportamiento humano debe ser entendido como un *flujo continuo*, pero su estudio exige segmentarlo en *unidades discretas de conducta*.

Estas unidades pueden clasificarse según su nivel de análisis en:

- **Conductas molares**: se trata de unidades complejas con sentido global (por ejemplo, "resolver un conflicto"), que integran motivaciones, funciones y significados en un marco situacional.
- **Conductas moleculares**: se observan fragmentos específicos del comportamiento, con sentido propio (por ejemplo, "cruzar los brazos", "gritar", "mirar hacia abajo").La elección entre un enfoque molar o molecular depende de los objetivos del estudio y del tipo de interpretación buscada.

Este paso también exige distinguir cuidadosamente entre distintas formas de manifestación del comportamiento observado, lo que orientará la construcción del sistema de codificación. En concreto, es necesario diferenciar: si se registran acciones observables directamente - *hechos-* o si, por el contrario, se trata de *representaciones* o manifestaciones simbólicas que requieren interpretación (por ejemplo, un gesto ritual o un dibujo); si hay que registrar la *presencia* o la *ausencia* de un rasgo o comportamiento; si son *secuencias* o transiciones de conducta, es decir, determinar si hay un orden o encadenamiento de los eventos conductuales en el tiempo, captando así la dinámica del comportamiento.

La operacionalización, por su parte, implica no solo traducir conceptos teóricos, los fenómenos, o comportamientos complejos en unidades observables, sino también definir con precisión qué se va a registrar y cómo. Es decir, que además de la identificación de unidades observables hay que concretar a qué se hace referencia con cada una.

El proceso de operacionalización y planificación implica pasar de la realidad empírica a la medición sistemática e implica transformar fenómenos complejos del comportamiento en datos observables y analizables. Este proceso comienza, como hemos visto, con la identificación de unidades mínimas observables y culmina con la construcción de variables que permiten responder a las preguntas de investigación. En este sentido, hay que distinguir que la **unidad mínima observable de conducta** es el dato primario con el que el observador registra y , a partir de estas unidades, se construyen las **variables**, que agrupan y transforman los datos con fines analíticos. La unidad observable representa el hecho empírico, mientras que la variable es una construcción metodológica que facilita el análisis cuantitativo. Las variables pueden ser **unidimensionales**, cuando reflejan un solo aspecto del comportamiento (por ejemplo, el número de veces que un niño inicia el juego), o **multidimensionales**, cuando integran distintos indicadores (como la combinación de tono de voz, expresión facial y distancia interpersonal).

El proceso completo hasta definir variables puede seguir la siguiente secuencia:

1. El primer paso consiste en definir con claridad el constructo abstracto (fenómeno, comportamiento, realidad, etc.) que se desea estudiar (ej., "control emocional", "rendimiento académico", "interacción social"). Esta definición se apoya en una revisión bibliográfica rigurosa, que permite comprender cómo se ha abordado ese concepto en investigaciones previas y orientar su medición actual.

2. El comportamiento humano se presenta como un todo que debe segmentarse en unidades discretas y significativas para su análisis, llamadas unidades mínimas observables o indicadores. Estas unidades pueden ser: moleculares o molares, como ya hemos explicado.

3. Definir operativamente o operacionalmente una conducta también implica definirla y describirla mediante verbos concretos y observables. Así, el concepto de "control emocional" puede traducirse en conductas como: "identificar emociones básicas", "modular reacciones en situaciones sociales" o "mostrar empatía ante conflictos". Estas definiciones guían el registro sistemático y permiten evaluar con precisión el objeto de estudio.

4. Las unidades de conducta se organizan en un sistema de categorías, es decir, un ordenamiento y clasificación de todas las unidades mínimas conductuales del constructo o fenómeno. Para construir el sistema de categorías se debe cumplir los criterios de exhaustividad - se debe cubrir todas las posibles ma-

nifestaciones del fenómeno observado- y mutua exclusividad: cada conducta debe asignarse a una sola categoría, evitando solapamientos.

5. Transformación en variables cuantitativas. Los registros obtenidos se convierten en variables cuantitativas cuando se determinan los valores que puede tomar cada unidad observable. Esto significa que hay que determinar el valor de **ocurrencia**, presencia o ausencia de una conducta; o de **frecuencia**: número de veces que ocurre; o de **latencia**, tiempo entre un estímulo y la respuesta; o de **duración**, tiempo que dura la conducta; o de **intensidad**, grado con que se manifiesta; para que efectivamente podamos tener variables del estudio. Hemos de recordar que una variable es cualquier atributo o cualidad medible que puede variar su valor.

La figura 12 sintetiza los diferentes pasos en el proceso de operacionalización, construcción de sistemas de categorías observacionales e identificación de las variables o códigos del estudio.

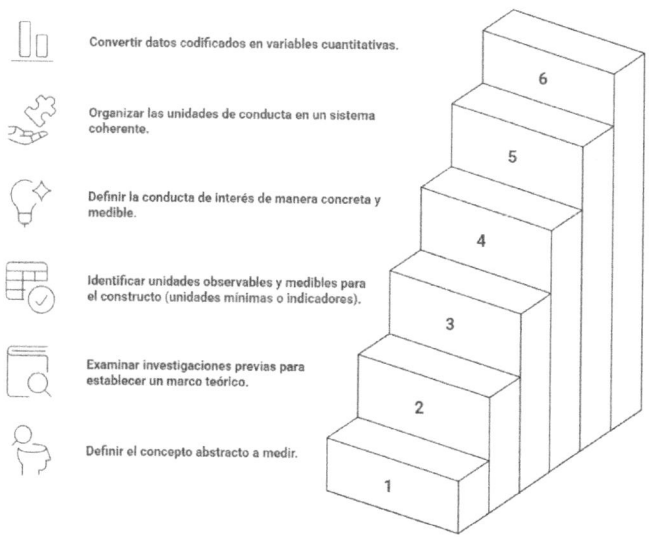

Figura 12.

Fases de la planificación de la observación en relación con su objeto: identificación de las unidades observacionales, operacionalización y la identificación de variables cuantitativas o códigos.

Además de definir qué va a observarse en el proceso de planificación de la observación, también hay que concretar quién lo hace, cuándo y dónde.

¿Quién observa?

El observador desempeña un rol fundamental en la recopilación y análisis de datos. La observación puede ser realizada por: un único docente, quien lleva un seguimiento individualizado de sus estudiantes; un equipo de educadores, lo que permite contrastar perspectivas y enriquecer la interpretación de los datos: o por agentes externos, como supervisores pedagógicos, investigadores o especialistas en educación, que pueden aportar una mirada más objetiva y amplia.

¿Cuándo observar?

La temporalidad de la observación es un aspecto clave para garantizar la representatividad de los datos recopilados. Se deben definir tanto la frecuencia como la duración de las sesiones, diferenciando entre distintos tipos de observación, tales como la observación libre, cuando esta no es estructurada, permite captar información espontánea sin una planificación previa; la observación programada que es planificada con un esquema definido de momentos y criterios de análisis; la observación inmediata, que se registra en tiempo real, permitiendo capturar detalles en el momento en que ocurren; y la observación diferida, que se documenta por medios como grabaciones de audio o video para su posterior análisis.

Es recomendable realizar observaciones en distintos momentos del día, incluyendo transiciones entre actividades, tiempos de juego y períodos de descanso, ya que el comportamiento infantil varía según el contexto y la hora del día.

¿Dónde observar?

El contexto de la observación influye directamente en la calidad y validez de los datos obtenidos. Se deben seleccionar espacios que permitan una observación representativa y ecológicamente válida, tales como:
- El aula, donde se pueden analizar las interacciones en un entorno de aprendizaje estructurado.
- El patio de recreo, donde los niños muestran comportamientos más espontáneos y naturales.
- Actividades extraescolares, que brindan información sobre el desarrollo de habilidades fuera del entorno académico.
- Espacios de juego libre, ideales para observar la creatividad, la autonomía y la socialización entre los niños.
- Entornos virtuales, considerando la creciente presencia de la educación online, donde se pueden analizar la participación, el compromiso y las interacciones digitales.

Una observación bien distribuida en distintos contextos permite obtener una visión integral del desarrollo infantil y sus dinámicas de aprendizaje.

3) Diseño observacional

Una vez se ha planificado la observación, se debe elegir el diseño de la investigación. El diseño de un estudio constituye la estrategia fundamental que guía el desarrollo empírico del mismo, definiendo su estructura de recogida y análisis de datos según los objetivos planteados. En los diseños observacionales suele tratarse de una estrategia muy flexible, ya que permite adaptar qué datos recoger y cómo organizarlos y analizarlos. Para clasificar los diseños observacionales, habitualmente se utilizan tres criterios principales: (1) el enfoque idiográfico (centrado en individuos o unidades singulares) vs nomotético (centrado en grupos o colectivos), (2) el tipo de registro puntual (una única sesión) vs. seguimiento (varias sesiones a lo largo del tiempo), y (3) la evaluación unidimensional (un solo tipo de dato) vs la multidimensional (varios tipos de datos simultáneamente). La combinación de estos criterios da lugar a ocho diseños observacionales básicos: idiográfico, puntual, unidimensional (I/P/U); idiográfico, puntual, multidimensional (I/P/M); idiográfico, seguimiento, unidimensional (I/S/U); idiográfico, seguimiento, multidimensional (I/S/M); nomotético, puntual, unidimensional (N/P/U); nomotético, puntual, multidimensional (N/P/M); nomotético, seguimiento, unidimensional (N/S/U); y nomotético, seguimiento, multidimensional (N/S/M). Una descripción exhaustiva y detallada de estos diseños específicos se presenta en el capítulo 3.

4) Muestreo observacional

Debido a que en investigación observacional no es habitual ni factible observar la totalidad del comportamiento de todos los sujetos, el muestreo permite aplicar criterios para seleccionar unidades de observación (Croll, 2000). Así, el muestreo observacional es una etapa importante porque a través de él se delimita qué partes o porciones del fenómeno será observado, en qué momento, con qué frecuencia y en qué condiciones. Se suelen distinguir dos niveles complementarios de muestreo: muestreo intersesional (entre sesiones) y muestreo intrasesional (dentro de cada sesión), recogidas en la figura 13.

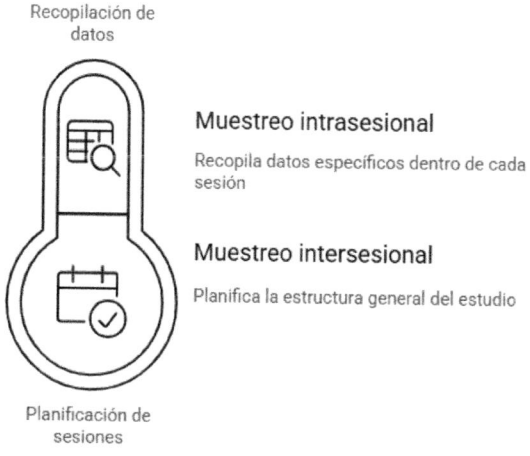

Recopilación de datos

Muestreo intrasesional

Recopila datos específicos dentro de cada sesión

Muestreo intersesional

Planifica la estructura general del estudio

Planificación de sesiones

Figura 13.
Tipos de muestreos observacionales.

4.1. El **muestreo intersesional** establece las decisiones sobre la organización temporal de las sesiones de observación (figura 14). Se refiere a cuándo, con qué frecuencia y durante cuánto tiempo se realizarán las observaciones, así como a los criterios de inicio y final de cada sesión. Esta planificación es esencial para establecer cuántas sesiones serán necesarias, su periodicidad y un reparto acorde al cronograma o calendario que se maneje. Para establecer este muestreo hay que concretar:

- Periodo de observación: marco temporal total del estudio (ej: mes, trimestre o curso escolar).
- Frecuencia de las sesiones: número de sesiones por semana o por mes (ej. 3/ semanales).
- Número mínimo de sesiones necesarias: estimación basada en la estabilidad del fenómeno o en requerimientos estadísticos.
- Duración de cada sesión: tiempo efectivo de observación dentro de cada unidad temporal (ej: 30 minutos).
- Criterios de inicio y fin de sesión: definición clara del momento en que comienza y concluye cada unidad observacional (ej. desde que el profesor inicia la clase hasta que finaliza la actividad grupal).

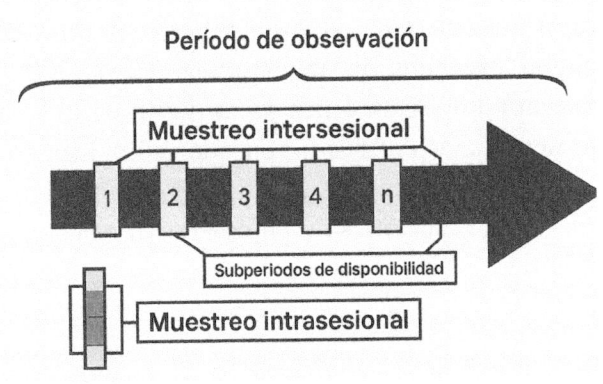

Figura 14.
Representación del muestreo intersesional vs. muestreo intrasesional

4.2. El **muestreo intrasesional** se refiere a las decisiones sobre qué conductas, sujetos, espacios o tiempos se observarán dentro de cada sesión. Se trata, por tanto, del plan de registro que se aplica durante la sesión previamente delimitada por el muestreo intersesional. Existen varias estrategias, cada una con ventajas, limitaciones y niveles distintos de sistematización (Buendía, 1998):

a) Muestreo ad libitum (o registro abierto): En esta modalidad, el observador no define previamente ni los sujetos ni las conductas a registrar. Es la forma de muestreo más informal y asistemática, la menos estructurada, donde se anota libremente cualquier evento o comportamiento que resulte relevante en el momento. Aunque permite capturar la riqueza y espontaneidad del contexto, sufre limitaciones en términos de fiabilidad, comparabilidad y sistematicidad. Es especialmente útil en las fases exploratorias del estudio, en contextos no estructurados (cj. recreo, juego libre) y en contextos educativos infantiles, donde las situaciones son muy dinámicas y el foco puede variar rápidamente.

b) Muestreo focal: El muestreo focal centra la atención del observador en un **sujeto determinado** o unidad focal durante un periodo definido, registrando **todas sus conductas** y las interacciones que recibe de otros. Es muy útil para estudios en los que se desea analizar de forma intensiva el comportamiento de un alumno, docente o grupo específico. Una variante muy utilizada consiste en distribuir el tiempo total de la sesión en bloques iguales, dedicando cada bloque a observar sucesivamente a diferentes sujetos. Al finalizar la ronda, se reinicia el ciclo, garantizando así equidad en la observación de los distintos participantes.Este muestreo permite análisis **comparativos** entre sujetos, ofrece una visión **integral** del comportamiento individual, es útil en estudios de **interacción social**, desarrollo infantil, liderazgo en grupo o dinámicas en el aula.

c) Muestreo de eventos: Aquí se observa y registra únicamente la ocurrencia de ciertos tipos de conductas, a las que llamamos **conductas concretas**, especialmente cuando se busca evaluar el impacto de una intervención o el cumplimiento de determinadas normas o patrones. Estas conductas son consideradas relevantes para los objetivos del estudio y pueden estar asociadas a categorías como interacciones verbales, conductas disruptivas o actos colaborativos. Ejemplo: registrar cada vez que un alumno levanta la mano, interrumpe, o inicia una interacción con otro compañero. Este tipo de muestreo permite obtener frecuencias de conductas específicas, analizar la distribución o duración de determinados eventos.

d) Muestreo temporal: En esta modalidad, el criterio de selección se basa exclusivamente en el tiempo real, dividiendo la sesión en unidades temporales prefijadas. Es el más estructurado y sistemático. Dentro de cada unidad, se observa si una conducta ha ocurrido, cómo ha ocurrido o cuántas veces ha ocurrido. Este muestreo es especialmente útil cuando: Se quiere analizar la **frecuencia y duración** de conductas, establecer **proporciones de tiempo** dedicadas a distintas actividades, o detectar **patrones de cambio** dentro de una misma sesión.Existen distintas variantes:

- **Muestreo instantáneo (o de puntos temporales):** el observador registra lo que ocurre exactamente en un punto fijo del tiempo (por ejemplo, cada 30 segundos o cada 5 minutos).

- **Muestreo por intervalos totales:** se registra si la conducta ocurre durante todo el intervalo temporal (ej. si un niño permanece sentado durante 3 minutos).

- **Muestreo por intervalos parciales:** se registra si la conducta aparece al menos una vez en cualquier momento del intervalo, aunque no se mantenga durante todo el mismo.

La figura 15 muestra un resumen de los principales tipos de muestreo observacional ordenados por su grado de sistematización y estructuración

Figura 15.
Tipos de muestreo observacional intrasesional

5 y 6) Diseño y validación de técnicas e instrumentos de registro y recogida de datos.

Para continuar la investigación observacional, se deben diseñar, construir y aplicar registros que conviertan las observaciones en datos organizados y sistemáticos, utilizando para ello distintas técnicas e instrumentos. Entre las modalidades más habituales se encuentran el registro narrativo y el descriptivo, ambos de enfoque cualitativo y escasamente estructurados; el registro categorial, de naturaleza cuantitativa y basado en sistemas de categorías previamente definidas; y el registro audiovisual, que recurre a tecnologías como el vídeo o el audio para documentar las conductas observadas. Dentro de cada una de estas modalidades, hay distintas técnicas e instrumentos de recogida de datos observacionales que van desde formas más abiertas -como los diarios de clase, las notas de campo o los registros anecdóticos- formas semiestructuradas, como las listas de verificación, las escalas de estimación o los registros de eventos e intervalos, o formas muy estructuradas como los sistemas de registro categorial estructuran la observación en grupos bien definidos y no solapados. Cada uno de los instrumentos es desarrollado en el capítulo 4.

7 y 8) Análisis e interpretación de los datos observacionales y discusión de resultados.

Por último, en el capítulo 5 de este manual se recogen las diferentes estrategias de sistematización y análisis de los datos. Se detalla una introducción al análisis cuantitativo estadístico y al análisis cualitativo. El análisis cuantitativo se centra en transformar las conductas observacionales registradas en datos numéricos (frecuencia, duración, secuencia), que se organizan en matrices para aplicar estadísticas descriptivas o inferenciales. Antes de proceder a los análisis estadísticos es recomendable evaluar la fiabilidad y validez de los instrumentos utilizados. Por su parte, el análisis cualitativo se centra en la interpretación contextual de los comportamientos observados, captando significados, emociones y dinámicas sociales. A través de procesos de codificación abierta, axial y selectiva o temática, se generan códigos y categorías, favoreciendo la comprensión profunda del fenómeno en su contexto natural.

3. Actividades

Actividad 1. Análisis de un informe docente sobre un estudiante

Objetivo: Aplicar la observación para identificar necesidades y proponer estrategias que apoyen el aprendizaje de un estudiante con dificultades de atención.
Instrucciones:
1. Lee un informe real o ficticio de un docente que describe la conducta de un estudiante con dificultades de atención y aprendizaje.

Nombre del estudiante: Juan Pérez

Grado: 5° de primaria

Docente: Prof. María Gómez

Fecha: 14 de marzo de 2025

Descripción de la situación: Durante el presente ciclo escolar, se ha observado que Juan presenta dificultades en la atención y el aprendizaje, lo que impacta en su desempeño académico y en su interacción en el aula. Se distrae con facilidad ante estímulos externos, le cuesta seguir instrucciones y completar actividades dentro del tiempo asignado. Frecuentemente, requiere apoyo individual para enfocarse en sus tareas y recordar instrucciones previamente dadas.

En cuanto a su rendimiento académico, muestra dificultades en la comprensión lectora y la resolución de problemas matemáticos, lo que afecta su desempeño en evaluaciones escritas. A pesar de su esfuerzo, olvida con facilidad los conceptos explicados y le cuesta organizar sus ideas al momento de redactar.

Conducta en el aula: Juan es un estudiante amable y con disposición para participar, pero suele perder la concentración rápidamente. En ocasiones, se levanta de su asiento sin permiso y se muestra inquieto durante la clase. Responde mejor a actividades dinámicas y apoyos visuales.

---

2. A partir de la información proporcionada, responde:
- ¿Qué tipo de observación aplicarías para analizar este caso (participante, no participante, estructurada, etc.)?

- ¿Qué aspectos y elementos específicos observarías? (Ejemplo: interacción con los compañeros, respuestas a estímulos académicos, nivel de concentración en diferentes momentos del día).
- ¿En qué orden priorizamos la observación de cada uno de estos elementos?

Reflexión final:
- Discute cómo el contexto escolar, la historia del estudiante y la relación con el docente pueden influir en la interpretación de los datos observacionales.
- Propón posibles estrategias de intervención basadas en la información obtenida.

Actividad 2. Planifica una observación

Objetivo: Desarrollar una propuesta de observación.

Instrucciones:
- Imagina que eres docente en un aula de 4 años con estas características:

> Contexto del aula: Segundo Ciclo de Educación Infantil. Nivel de cuatro años de un centro público situado en la zona centro de una ciudad andaluza. El número de alumnos es de 22 (12 niñas y 10 niños). El nivel socio-económico de las familias es medio, si bien el centro en los últimos años recibe población de origen sudamericana, marroquí y romano. En concreto en este aula hay 2 niños (1 romano y otro marroquí) con desconocimiento del idioma y 2 niños (un niño y una niña) de origen sudamericano que han llegado a mitad de curso, y un alumno con retraso madurativo (un año aproximadamente de diferencia respecto a su nivel de edad) que se centra en el desarrollo del lenguaje).

- Plantea cómo organizarías una observación sistemática detallando: Qué observar, a quién observar, cuándo observar, cómo observar y dónde observar.

Actividad 3. Adéntrate en los muestreos observacionales

Objetivo: Comprender y aplicar los conceptos de muestreo intersesional e intrasesional mediante el diseño de un plan de observación adaptado a un contexto educativo simulado

Instrucciones:
1. Imagina que estás realizando una investigación observacional en un aula de 3º de primaria. Tu objetivo es analizar la participación verbal del alumnado durante las actividades grupales en las sesiones de Ciencias Naturales.
2. Define los siguientes aspectos:
- Periodo de observación: ¿Durante qué espacio de tiempo se desarrollará tu estudio? (ej. 4 semanas, 2 meses…).

- Frecuencia de sesiones: ¿Cuántas sesiones por semana realizarás? Justifica la decisión.
- Número mínimo de sesiones: ¿Cuántas observaciones necesitas para obtener datos suficientes y estables?
- Duración de cada sesión: ¿Cuánto tiempo observarás en cada sesión? (ej. 30 minutos).
- Criterios de inicio y fin de sesión: ¿Qué momento marca el inicio y el fin de tu unidad observacional?

3. Escoge uno de los siguientes tipos de muestreo intrasesional para aplicar dentro de tus sesiones y justifica tu elección según los objetivos del estudio: Muestreo ad libitum/ Muestreo focal/ Muestreo de eventos/ Muestreo temporal (indica la variante: instantáneo, intervalos totales, intervalos parciales)

Explica: (1) Qué observarás (conductas o sujetos) (2) Cómo organizar la recogida de datos (3) Por qué este tipo de muestreo es el más adecuado para tu objetivo.

4. Autoevaluación

1. ¿Qué es una unidad mínima observable en una investigación observacional?
a. Una categoría general del análisis.
b. Una teoría sobre la conducta.
c. Una conducta concreta que puede observarse y registrarse directamente.
d. Una variable estadística derivada del análisis.

2. ¿Qué es el muestreo observacional?
a. Un tipo de encuesta aplicada antes de la observación.
b. Una técnica para elegir al azar a los observadores del estudio.
c. Un procedimiento para seleccionar qué conductas o momentos se van a observar.
d. Un sistema de codificación de categorías

3. ¿Cuál de los siguientes tipos de muestreo se basa en observar solo cuando ocurre un determinado comportamiento?
a. Muestreo sistemático.
b. Muestreo por intervalos.
c. Muestreo focal.
d. Muestreo de eventos.

4. ¿En qué consiste el muestreo focal durante la observación en el aula?

a. Observar sólo al grupo completo sin fijarse en individuos.

b. Registrar solo conductas predeterminadas de cualquier alumno.

c. Observar a toda la clase en momentos aleatorios.

d. Observar a un sujeto específico durante un tiempo definido, registrando sus conductas e interacciones.

5. ¿Qué caracteriza al muestreo instantáneo (o de puntos temporales)?

a. Se registra exactamente lo que ocurre en momentos específicos y prefijados del tiempo.

b. El observador registra todo lo que ocurre durante un intervalo largo.

c. Se anota si la conducta aparece en cualquier momento del intervalo.

d. El observador interviene cada vez que aparece una conducta relevante

6. ¿Para qué tipo de análisis es especialmente útil el muestreo temporal?

a. Analizar el liderazgo de los alumnos.

b. Medir la frecuencia y duración de conductas, y detectar patrones de cambio durante una sesión.

c. Identificar personajes destacados en actividades grupales.

d. Observar únicamente conductas sociales

CAPÍTULO 3.
CARACTERÍSTICAS Y EVOLUCIÓN DE LOS DISEÑOS OBSERVACIONALES

· ·

1. Preparación

Actividad 1. Desentrañando los diseños observacionales

Se trata de explorar los fundamentos de los diseños observacionales y contrastarlos con los enfoques experimentales.

1. ¿Qué palabras o frases te vienen a la mente cuando piensas en «diseños observacionales» en el contexto de la educación infantil? ¿Qué aspectos no corresponden a un diseño observacional según tu opinión?
2. ¿Qué distingue a un investigador que observa un aula de un investigador que experimenta en un aula? Considera el rol del investigador y el impacto en el entorno de aprendizaje.
3. Los diseños observacionales permiten analizar tanto eventos singulares como patrones generales. Piensa en un evento específico que podrías observar en un aula infantil (ej., un conflicto por un juguete, una actividad de lectura en grupo). Luego, describe cómo podrías utilizar diseños observacionales para identificar patrones más amplios relacionados con ese tipo de evento.

Actividad 2. Introducción a las dicotomías

Para familiarizarse con los conceptos clave y su aplicación en el entorno educativo. Se expone de forma breve a los alumnos las tres dicotomías propuestas por Anguera (2003), (idiográfico vs. nomotético, puntual vs. seguimiento, unidimensional vs. multidimensional) con ejemplos sencillos adaptados al aula infantil. Plantear como ejemplo el de observar cómo un niño juega con bloques (idiográfico) frente a observar cómo todos los niños interactúan en el rincón de juego (nomotético).

- Ejercicio: En grupos pequeños, los alumnos deben identificar situaciones en un aula infantil que correspondan a cada dicotomía y compartirlas con la clase.
- ¿Puedes pensar en una situación en la que un enfoque idiográfico sería más adecuado que uno nomotético en el aula infantil? ¿Por qué?

- ¿Cómo podrías combinar ambos enfoques para obtener una visión más completa del comportamiento de los niños?
- ¿Puedes pensar en una situación en la que una observación puntual sería más adecuada que un seguimiento prolongado en el aula infantil? ¿Por qué?
- ¿Cómo podrías combinar observaciones puntuales con un seguimiento prolongado para obtener una visión más completa del desarrollo de los niños?
- ¿Puedes pensar en una situación en la que un enfoque unidimensional sería más adecuado que uno multidimensional en el aula infantil? ¿Por qué?
- ¿Cómo podrías combinar observaciones unidimensionales con un enfoque multidimensional para obtener una visión más completa del comportamiento y desarrollo de los niños?

Actividad 3. Observación simulada según dicotomías

Se proyecta un video de niños jugando en el aula. Los estudiantes, organizados en equipos, observan y analizan cómo diferentes combinaciones de dicotomías influyen en la información obtenida.
- Equipo A: Idiográfico/Puntual/Unidimensional.
- Equipo B: Nomotético/Seguimiento/Multidimensional.
Los equipos registran sus observaciones y comparan los datos obtenidos.

Actividad 4. Observación puntual vs. seguimiento

1. Se presentan dos fichas de registro en un aula de educación infantil

a) Una observación puntual sobre cómo una niña de 4 años organiza sus juguetes al final del día, útil para trabajar y analizar esa experiencia

Ficha de observación puntual – Organización de juguetes (Alumno: Paula)	
Fecha: 15/07/2025 **Hora:** 16:00–16:30 **Observador/a:** María López **Lugar:** Aula de educación infantil	
Inicia la actividad de recogida	Sí, empezó a guardar los muñecos sin que se lo indicarán directamente.
Necesita recordatorio del adulto	No, tomó iniciativa espontánea.
Estrategia para organizar	Clasificó los muñecos por tipo y tamaño, colocándolos suavemente cada grupo dentro de cestas.
Forma de colaboración	Individual, aunque se ofreció a ayudar a un compañero que lo solicitó.
Comunicación (verbal/no verbal)	Le explicó a un amigo dónde debía poner el muñeco que tenía en la mano, con voz calmada y gestos.
Emociones mostradas al terminar	Mostró alegría y satisfacción, sonriendo y saludando al finalizar.
Observaciones destacadas	Muestra autonomía destacada para su edad, favorece el orden y cuida los materiales con esmero.

b) Una observación de seguimiento: Se observa durante varias sesiones cómo interactúa un niño en el rincón de lectura.

Ficha de observación de seguimiento – Interacción en rincón de lectura (Alumno: Irene)							
Sesión/ N°	Fecha	Hora	Actividad realizada	Dinámica	Interacciones verbales	Ayuda a otros (Sí/No y cómo)	Cambios observados respecto a sesiones previas
1	14/07/2025	10:30–11:00	Mirar libros ilustrados	Individual	Comentó detalles con la educadora	No	Al principio, un poco reservada y observadora
2	15/07/2025	10:30–11:00	Leer imágenes con ayuda	Individual	Pidió ayuda para entender algunas palabras	Sí, explicó el contenido a un compañero menor	Más participación verbal y confianza para preguntar
3	16/07/2025	10:30–11:00	Prelectura y narración guiada	Individual	Narró partes de la historia y mostró curiosidad	Sí, motivó a otro niño para que mirara el libro	Se siente más segura y disfruta compartir la actividad con otros

2. Discusión guiada

Preguntas para pensar y responder:
- ¿Qué tipo de información aporta cada observación?
- ¿Cuál crees que ofrece una visión más completa del comportamiento infantil? Explica por qué.
- ¿Qué limitaciones tiene una observación puntual frente a una de seguimiento?
- ¿Qué puedes aprender si solo miras un momento específico (observación puntual)?
- ¿Qué cosas diferentes podrías ver si observas durante varios días (observación de seguimiento)?

2. Contenido

Los diseños observacionales son una herramienta sumamente valiosa para interpretar y estudiar las dinámicas educativas de la primera infancia. Esta sección abordará sus características esenciales, los diseños, los tipos de diseños observacionales, el proceso de observación en su conjunto y sus aplicaciones prácticas en entornos educativos.

Introducción a los diseños observacionales

Los diseños observacionales se alzan como una herramienta metodológica esencial, particularmente valiosa para desentrañar la complejidad del aprendizaje, el desarrollo y las interacciones en las aulas de educación infantil. Estos diseños se distinguen por su flexibilidad, adaptabilidad y capacidad para ofrecer una visión profunda de los fenómenos tal como ocurren en su entorno natural, sin la artificialidad de las intervenciones experimentales. A diferencia de los diseños experimentales, donde el investigador manipula activamente las variables, los estudios observacionales se caracterizan por su enfoque no intrusivo, permitiendo a los investigadores observar y registrar los comportamientos, las interacciones y los procesos sin alterar el ambiente de aprendizaje. Esta cualidad es crucial en un entorno tan delicado y sensible como el aula de educación infantil, donde las intervenciones pueden perturbar las dinámicas naturales y afectar el comportamiento de los niños.

Este enfoque observacional ofrece una perspectiva única para analizar tanto eventos singulares como patrones generales en el aula de educación infantil, convirtiéndolos en un recurso invaluable para educadores, investigadores y formuladores de políticas educativas. Los diseños observacionales permiten a los investigadores estudiar las dinámicas naturales que se despliegan en el aula, capturando la riqueza y la sutileza de las interacciones entre los niños, los maestros y el entorno de aprendizaje. A través de la observación sistemática y no intrusiva, los investigadores pueden obtener información valiosa sobre cómo los niños aprenden, cómo se desarrollan social y emocionalmente, y cómo interactúan con sus compañeros y maestros.

Evolución hacia un modelo tridimensional

Los diseños observacionales han evolucionado significativamente, destacando el modelo tridimensional propuesto por Anguera et al. (2003) que organiza los estudios observacionales en función de tres dicotomías principales: idiográfico vs. nomotético, puntual vs. seguimiento, y unidimensional vs. multidimensional.

1. Idiográfico (unidad) vs. Nomotético (pluralidad): Se refiere al nivel de análisis del estudio.
- *Idiográfico:* Enfocado en unidades individuales (por ejemplo, un niño hiperactivo o una familia).
- *Nomotético:* Centrado en colectivos o grupos (por ejemplo, usuarios de un programa educativo).

2. Registro puntual vs. Seguimiento: Relacionado con la temporalidad.
- *Registro puntual:* Observación en un momento específico (por ejemplo, una sesión única).

- *Seguimiento:* Observación a lo largo del tiempo (por ejemplo, varias sesiones durante un programa educativo).

3. Unidimensional vs. Multidimensional: Relativo a la cantidad de dimensiones analizadas.

- *Unidimensional:* Observación centrada en un solo tipo de variable (por ejemplo, comportamiento verbal).
- *Multidimensional:* Análisis simultáneo de múltiples dimensiones (por ejemplo, gestos, desplazamientos y comunicación verbal).

Centrándose en las diferencias entre ideográfico vs. nomotético podemos mencionar las siguientes:

Las diferencias entre los diseños idiográficos y nomotéticos radican en sus objetivos, enfoques metodológicos, concepción de la personalidad o conducta, temporalidad y aplicaciones prácticas.

En cuanto al *objetivo de estudio*, el diseño idiográfico se centra en casos individuales para comprender su singularidad, como el análisis detallado del desarrollo emocional de un niño o niña con autismo, mientras que el nomotético busca establecer leyes generales aplicables a grupos o poblaciones, como identificar patrones de agresividad en aulas de educación infantil.

Respecto al *enfoque metodológico*, el idiográfico utiliza muestras pequeñas y métodos cualitativos, generando datos subjetivos y descriptivos; en contraste, el nomotético trabaja con muestras grandes, emplea métodos cuantitativos y produce datos objetivos y numéricos.

Tabla 3.
Diferencia enfoque metodológico Idiográfico vs. Nomotético

Característica	Idiográfico	Nomotético
Muestra	Pequeña (1 sujeto/unidad)	Grande (múltiples grupos)
Métodos	Cualitativos (entrevistas, observación participante)	Cuantitativos (cuestionarios estandarizados)
Datos	Subjetivos, descriptivos	Objetivos, numéricos

En términos de la *conceptualización de la personalidad o conducta*, el diseño idiográfico la considera dinámica y holística, moldeada por el contexto (por ejemplo, analizar cómo las experiencias familiares influyen en la autoestima de un adolescente), mientras que el nomotético la entiende como estática y fragmentada en rasgos medibles (como clasificar estudiantes según tipos de personalidad usando el test Big Five).

En cuanto a *la temporalidad y profundidad*, los estudios idiográficos suelen ser longitudinales, con seguimiento prolongado (por ejemplo, evaluar el desarrollo del lenguaje de un niño desde los 2 hasta los 5 años), mientras que los nomotéticos tienden a ser puntuales o transversales para comparar grupos (como medir el coeficiente intelectual en diferentes colegios durante un mismo año).

Finalmente, en *las aplicaciones prácticas*, los diseños idiográficos son útiles en casos de educación especial o investigación etnográfica (por ejemplo, estudiar durante un año los mecanismos de resiliencia de una víctima de bullying mediante diarios y sesiones terapéuticas), mientras que los diseños nomotéticos son eficaces para crear tests estandarizados o políticas educativas basadas en datos poblacionales (como aplicar cuestionarios sobre ansiedad escolar a 2,000 estudiantes para establecer percentiles nacionales).

Clasificación y tipologías de los diseños observacionales

El modelo tridimensional puede representarse mediante un esquema gráfico que combina los tres ejes mencionados, generando ocho zonas que representan las posibles combinaciones de diseños observacionales.

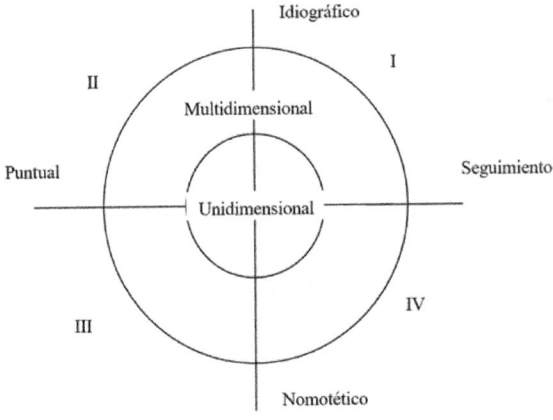

Figura 16.
Esquema del diseño de las investigaciones observacionales.
Fuente: Anguera et al. (2003)

Este modelo, propuesto por Anguera y colaboradores, identifica ocho tipos de diseños basados en la combinación de tres ejes:

1. Eje vertical (Unidades de evaluación):
   a. Polo superior: Estudios idiográficos (individuos o pequeños grupos)
   b. Polo inferior: Estudios nomotéticos (colectivos más amplios)
2. Eje horizontal (Temporalidad):
   a. Polo izquierdo: Registro puntual (una sesión)
   b. Polo derecho: Seguimiento (múltiples sesiones a lo largo del tiempo)
3. Círculos concéntricos (Dimensionalidad):
   a. Círculo interno: Evaluación unidimensional
   b. Círculo externo: Evaluación multidimensional

Antes de adentrarnos en los ocho tipos de diseños, resulta fundamental establecer la distinción entre los conceptos de diseños sincrónicos y diseños diacrónicos, ya que estos términos utilizados y referenciados en las siguientes líneas.

Diseños sincrónicos y diacrónicos

- Diseño Sincrónico

Los estudios observacionales sincrónicos se centran en analizar los elementos y estructuras educativas tal como existen en un momento específico, permitiendo una comprensión detallada de las dinámicas presentes en el entorno educativo. Este enfoque metodológico se utiliza para evaluar las prácticas pedagógicas actuales en un aula o institución, observar las interacciones entre estudiantes, docentes y materiales educativos, y diseñar actividades grupales o individuales que respondan de manera inmediata a las necesidades detectadas.

Al tratarse de un análisis en tiempo real, estos estudios ofrecen una perspectiva precisa sobre cómo se desarrollan los procesos de enseñanza-aprendizaje en un contexto determinado, facilitando la identificación de áreas de mejora y la implementación de ajustes oportunos. Por ejemplo, un estudio observacional sincrónico podría enfocarse en evaluar cómo los niños interactúan con un material didáctico específico durante una sesión de aprendizaje, proporcionando datos valiosos para adaptar estrategias pedagógicas según las respuestas y comportamientos observados.

- Diseño Diacrónico

Los estudios observacionales diacrónicos se enfocan en examinar la evolución de los procesos educativos a lo largo del tiempo, proporcionando una visión integral de los cambios y tendencias que se desarrollan en contextos educativos a medida que transcurren los años. Este enfoque resulta especialmente útil para analizar el desarrollo progresivo de habilidades sociales, cognitivas o lingüísticas en los niños, desde etapas tempranas hasta niveles más avanzados, así como para estudiar las transformaciones en las metodologías pedagógicas implementadas en educación infantil a lo largo de varios años. Además, permite realizar un seguimiento longitudinal del impacto de programas educativos o intervenciones específicas, evaluando su eficacia y adaptabilidad en diferentes momentos históricos. Por ejemplo, un estudio observacional diacrónico podría centrarse en analizar cómo ha evolucionado el uso de tecnologías educativas en aulas infantiles durante la última década, identificando patrones de adopción, beneficios y desafíos asociados con su integración progresiva en los procesos de enseñanza-aprendizaje.

Tabla 4.

Comparación entre Sincronía y Diacronía

Aspecto	Sincronía	Diacronía
Enfoque temporal	Momento específico	Evolución a lo largo del tiempo
Objetivo	Evaluar el presente	Evaluar el presente

En definitiva, un estudio sincrónico permite identificar necesidades inmediatas y dinámicas específicas en el aula en un momento determinado, un análisis diacrónico ofrece una perspectiva a largo plazo, evaluando si las estrategias implementadas han generado un impacto positivo y sostenido con el paso del tiempo.

Tipos de diseños observacionales y casos prácticos

Según Anguera (2003), en los diseños observacionales se entrecruzan las dicotomías de registros puntual/seguimiento, Idiográfico (unidad)/nomotético (pluralidad) y unidimensional/multidimensional. Estas tres dicotomías están relacionadas con la temporalidad, las unidades de estudio y la dimensionalidad, respectivamente.

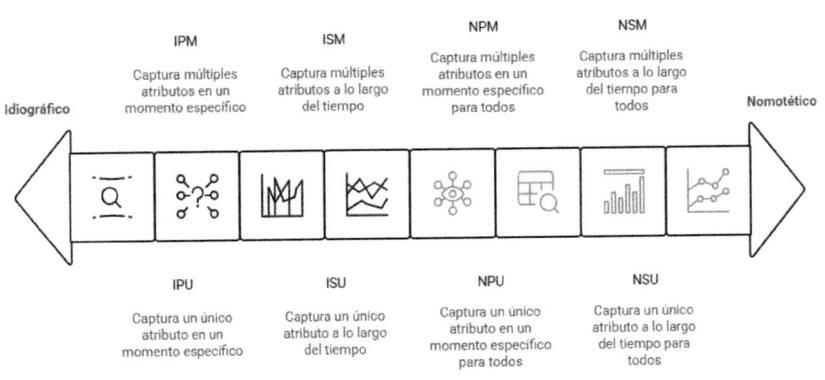

Figura 17.

Tipos de diseños observacionales

A continuación, se describen los ocho tipos de diseños observacionales derivados del modelo tridimensional, junto con ejemplos prácticos y gráficos representativos.

1. *Idiográfico, puntual y unidimensional (IPU):* Se centra en la observación de un único sujeto o una unidad pequeña durante una sola sesión, registrando exclusivamente un nivel de respuesta. Este tipo de estudio es útil para analizar comportamientos específicos en un momento concreto, sin considerar otros niveles o dimensiones. Por ejemplo, en el contexto de la educación infantil, se podría realizar una sesión de observación en la que se registre exclusivamente si un niño muestra la conducta de "empujar a un compañero" durante la hora de actividades grupales en el aula. Este enfoque idiográfico, puntual y unidimensional (IPU) permite focalizar la atención

en una única conducta específica dentro de un período limitado, proporcionando información precisa para abordar situaciones concretas.

2. *Idiográfico, puntual y multidimensional (IPM):* Se caracteriza por la observación en una única sesión de un grupo pequeño o unidad específica, registrando simultáneamente diversos niveles de respuesta. Este enfoque permite analizar múltiples dimensiones de una situación concreta, proporcionando una visión más rica y detallada del fenómeno observado. Por ejemplo, en el contexto de la educación infantil, se podría realizar una sesión de observación en un aula con un grupo de 10 niños, registrando no solo la aparición de la conducta de "morder a un compañero", sino también las expresiones faciales del niño que muerde, las reacciones emocionales del compañero afectado y las intervenciones verbales o gestuales del docente. Este diseño facilita una comprensión integral de las dinámicas presentes en el entorno educativo durante un momento específico. En suma, es similar al anterior, pero analiza múltiples dimensiones simultáneamente.

3. *Idiográfico, seguimiento y unidimensional* (ISU). El diseño idiográfico, de seguimiento y unidimensional (ISU) se centra en la observación prolongada de un único sujeto o una pequeña unidad que actúa como grupo, registrando únicamente un nivel de respuesta a lo largo del tiempo. Este enfoque permite analizar la evolución de una conducta específica en un contexto determinado, proporcionando datos diacrónicos sobre su desarrollo. Por ejemplo, en el ámbito de la educación infantil, se podría realizar un seguimiento durante varias semanas para observar exclusivamente la frecuencia con la que un niño muestra la conducta de "interrumpir al docente" durante las actividades grupales. Este diseño facilita identificar patrones y cambios en el comportamiento, ofreciendo información valiosa para ajustar estrategias educativas según las necesidades del niño. En definitiva, este diseño observa a un sujeto o unidad específica a lo largo del tiempo, enfocándose en una única dimensión.

4. *Idiográfico, seguimiento y multidimensional (ISM):* Se caracteriza por la observación prolongada de un único sujeto o una pequeña unidad, registrando múltiples niveles de respuesta a lo largo del tiempo. Este enfoque permite analizar la evolución de diversas dimensiones de un fenómeno en un contexto específico, proporcionando una visión integral y detallada. Por ejemplo, en el ámbito de la educación infantil, podría consistir en analizar cómo varía el comportamiento verbal, gestual y emocional de un niño durante sesiones consecutivas de actividades grupales. Por ejemplo, se realizaría un seguimiento semanal durante varios meses, registrando simultáneamente tres dimensiones: el uso del lenguaje verbal (cantidad y calidad de palabras utilizadas para interactuar con compañeros), las expresiones gestuales (gestos que acompañan o sustituyen la comunicación verbal, como sonrisas o señales con las manos) y las respuestas emocionales (intensidad y tipo de emociones manifestadas, como alegría, frustración o tristeza) en cada sesión. Este enfoque permite captar la evolución integrada de estos aspectos en el niño, proporcionando

una visión completa de su desarrollo comunicativo y emocional dentro del contexto educativo.

5. *Nomotético, puntual y unidimensional (NPU)*: Se caracteriza por observar una pluralidad de unidades en una única sesión, registrando exclusivamente un nivel de respuesta. Este enfoque es útil para obtener datos concretos y comparativos sobre una conducta específica en un colectivo. Por ejemplo, en un aula de educación infantil, se podría realizar una observación puntual en la que se registre exclusivamente si los niños levantan la mano antes de hablar durante una actividad grupal. En este caso, cada niño sería considerado como una unidad independiente, y el análisis se centraría únicamente en la frecuencia de esta conducta específica durante la sesión. Este diseño permite recopilar datos precisos sobre el comportamiento de cada individuo en un momento concreto, facilitando comparaciones entre los participantes y proporcionando información útil para ajustar estrategias educativas. Sin embargo, si se busca analizar la evolución de esa conducta a lo largo del tiempo, se podría emplear un enfoque diacrónico-sincrónico, realizando observaciones puntuales en diferentes momentos temporales para identificar patrones de cambio o estabilidad. Este enfoque híbrido combina la precisión del análisis puntual con la profundidad del seguimiento longitudinal. Siguiendo con el ejemplo anterior, se podría realizar una observación puntual para registrar exclusivamente si los niños levantan la mano antes de hablar durante una actividad grupal. Esta evaluación se llevaría a cabo en varias sesiones distribuidas a lo largo de un trimestre (dimensión diacrónica), comparando los resultados obtenidos en diferentes momentos temporales. En cada sesión, el registro se limitaría a esta única conducta específica (dimensión unidimensional), analizando cómo varía su frecuencia o patrón de aparición entre los distintos niños y sesiones. Este enfoque integrado permite identificar tanto los cambios progresivos en el comportamiento del grupo como las interacciones estructurales presentes en cada momento observado, proporcionando una visión completa y detallada del desarrollo conductual en el contexto educativo.

6. *Nomotético, puntual y multidimensional (NPM):* Similar al anterior, pero analiza múltiples dimensiones simultáneamente. Se caracteriza por la observación de una pluralidad de unidades en una única sesión, registrando múltiples niveles de respuesta simultáneamente. Este enfoque es útil para captar la diversidad de comportamientos dentro de un grupo en un momento específico, proporcionando una visión más rica y detallada que los diseños unidimensionales. Por ejemplo, en un aula de educación infantil, se podría realizar una observación puntual para evaluar simultáneamente tres dimensiones del comportamiento de los niños durante una actividad grupal: el uso del lenguaje verbal (cantidad y calidad de palabras utilizadas), las expresiones gestuales (gestos que acompañan la comunicación) y las respuestas emocionales (manifestaciones de alegría, frustración o tristeza). Cada niño sería considerado como una unidad independiente, y el análisis abarcaría estas diferentes dimensiones en una única sesión. Este diseño permite obtener datos varia-

dos y comparativos sobre múltiples aspectos del comportamiento en un contexto específico. Aunque este diseño tiene la limitación de ser sincrónico (centrado en un momento puntual), su carácter multidimensional lo hace especialmente valioso para estudios que requieren una evaluación integral en situaciones concretas.

7. *Nomotético, seguimiento y unidimensional (NSU):* Se caracteriza por la observación de una pluralidad de unidades (varios sujetos o grupos) a lo largo del tiempo, registrando exclusivamente un nivel de respuesta. Este enfoque permite analizar la evolución de una conducta específica en diferentes momentos temporales, proporcionando datos longitudinales sobre un único aspecto del comportamiento. Adicionalmente, este diseño puede incluir elementos de los diseños sincrónicos, ya que en cada sesión concreta se evalúa un único elemento o conducta en diferentes sujetos. Esto significa que, aunque el enfoque principal sea longitudinal (seguimiento), cada sesión puntual ofrece una "fotografía" sincrónica del comportamiento del grupo en un momento específico. Por ejemplo, en un aula de educación infantil, se podría realizar un seguimiento semanal durante un trimestre para observar exclusivamente la frecuencia con la que los niños levantan la mano antes de hablar durante actividades grupales. En cada sesión concreta (sincrónica), se evaluaría esta única conducta en todos los niños presentes, registrando cómo se comporta cada sujeto en ese momento específico. Posteriormente, al analizar las sesiones a lo largo del tiempo, se identificarían patrones de cambio o estabilidad en el comportamiento del grupo. Este enfoque combina la precisión del análisis sincrónico en sesiones puntuales con la profundidad del seguimiento longitudinal.

8. *Nomotético, seguimiento y multidimensional (NSM):* Similar al anterior, pero incluye múltiples dimensiones simultáneamente. Se caracteriza por la observación de una pluralidad de unidades (varios sujetos o grupos) a lo largo del tiempo, registrando múltiples niveles de respuesta simultáneamente. Este enfoque permite analizar la evolución de diversas dimensiones del comportamiento en diferentes momentos temporales, proporcionando una visión integral y dinámica del fenómeno estudiado. Por ejemplo, en un aula de educación infantil, se podría realizar un seguimiento semanal durante un trimestre para observar cómo los niños interactúan durante actividades grupales. En cada sesión, se registrarían múltiples dimensiones del comportamiento, como el lenguaje verbal (cantidad y calidad de palabras utilizadas), las expresiones gestuales (gestos que acompañan la comunicación) y las respuestas emocionales (manifestaciones de alegría, frustración o tristeza). Cada niño sería considerado como una unidad independiente, y el diseño permitiría analizar tanto las diferencias individuales como los patrones generales en el grupo a lo largo del tiempo. Este diseño combina la amplitud del análisis nomotético (observación de varios sujetos) con la profundidad del seguimiento longitudinal y la riqueza del análisis multidimensional, proporcionando datos detallados y comparativos sobre múltiples aspectos del comportamiento en diversos momentos temporales.

Beneficios y limitaciones de los diseños observacionales en educación infantil

Los diseños observacionales ofrecen varios beneficios importantes en los estudios de educación infantil:

1. Flexibilidad y adaptabilidad: Permiten estudiar fenómenos en el contexto natural del aula sin intervenir en el curso de los acontecimientos, lo que los hace adecuados para capturar la realidad educativa de los niños.

2. Validez ecológica: Al observar los comportamientos y procesos de aprendizaje en su entorno natural, proporcionan una visión más realista del desarrollo infantil.

3. Herramienta metodológica poderosa: La observación sistemática enriquece las capacidades de los maestros para aproximarse al conocimiento del niño, ofreciendo una base estructural científica para la recogida y análisis de información.

4. Evaluación del aprendizaje y desarrollo: Es uno de los métodos más usuales y efectivos para evaluar los aprendizajes y el desarrollo de los niños en la etapa de Educación Infantil.

5. Ajuste de objetivos educativos: Permite adaptar los objetivos y estrategias pedagógicas a las diferentes situaciones y características individuales de los alumnos.

6. Comprensión profunda del alumnado: Facilita que los docentes conozcan, valoren y respeten las características particulares de su alumnado y sus realidades, enriqueciendo sus competencias y capacidades.

7. Planificación e intervención educativa: La observación se considera inherente a estos procesos, permitiendo al docente diseñar intervenciones más efectivas y personalizadas.

8. Detección de necesidades: Ayuda a identificar las necesidades específicas de cada niño, permitiendo una atención más individualizada.

9. Seguimiento del progreso: Permite llevar un registro detallado del avance de los niños en diferentes áreas de desarrollo.

10. Fomento de la escucha activa: La observación va unida a una escucha activa, lo que permite percibir cuestiones más profundas sobre el desarrollo y aprendizaje de los niños.

11. Base para la experimentación: La observación sirve como punto de partida para diseñar experiencias de aprendizaje significativas y experimentos adecuados al nivel de desarrollo de los niños.

Limitaciones y desafíos

A pesar de sus ventajas, los diseños observacionales presentan ciertos desafíos:

1. Sesgos: La falta de control experimental puede dar lugar a sesgos sistemáticos.

2. Causalidad: No permiten establecer relaciones causales definitivas; sólo identifican asociaciones.

3. Complejidad analítica: El análisis multidimensional puede ser complejo y requerir herramientas avanzadas.

3. Actividades

Estas actividades están diseñadas para facilitar una comprensión profunda y práctica de los diseños observacionales en el contexto de la educación infantil, promoviendo una práctica reflexiva, ética y basada en evidencia sólida.

Actividad 1. Observación idiográfica, puntual y multidimensional en un Aula Montessori

Objetivo: Identificar y comprender las características principales de los diseños observacionales en educación, utilizando el diseño idiográfico, puntual y multidimensional.

Recurso:

Video: "Un día en un aula Montessori" https://youtu.be/P8Bvymudiyg?si=rC-CUsnXrcUR0VsvS

Instrucciones:

1. Antes de ver el video:
- Elige y escribe al menos tres dimensiones que vas a observar. Puedes escoger entre:
  - Interacción social (cómo se relacionan los niños entre sí)
  - Autonomía (cómo realizan tareas por sí mismos)
  - Rol del adulto (cómo interviene la maestra)
  - Organización del espacio (cómo están distribuidos los materiales)
  - Participación en las actividades

2. Durante el video:
- Observa atentamente y toma notas de ejemplos concretos para cada dimensión elegida.

Ejemplo:
- Interacción social: Dos niños colaboran para recoger materiales.
- Autonomía: Un niño se sirve el desayuno solo.

3. Después del video:
- Reflexiona por escrito:
  - ¿Qué has descubierto sobre la vida en el aula Montessori gracias a observar varias dimensiones a la vez?
  - ¿Por qué crees que es importante observar diferentes aspectos y no solo uno?
  - Comparte tus observaciones y conclusiones con tus compañeros y comentad en grupo qué os ha sorprendido más del funcionamiento del aula.

Actividad 2. Diseño de propuestas observacionales

Objetivo: Practicar la estructuración metodológica basada en las dicotomías.

Instrucciones: Cada grupo diseña una propuesta observacional basada en una combinación de dicotomías para estudiar un aspecto del aula infantil, por ejemplo:

- Idiográfico/Puntual/Unidimensional: Observar cómo un niño resuelve un conflicto durante el juego libre.
- Nomotético/Seguimiento/Multidimensional: Analizar cómo todos los niños participan en actividades grupales durante una semana.

Las propuestas deben contener objetivos claros: Definir qué observar (ej: habilidades sociales, desarrollo del lenguaje). Estrategias de muestreo: Decidir cuándo y dónde realizar las observaciones (ej: durante actividades grupales, en el patio). Instrumentos de registro: Seleccionar herramientas adecuadas para capturar datos (registros anecdóticos, lista de control, escalas de estimación, etc.). Análisis y reflexión: Planificar cómo se analizarán los datos y cómo se utilizarán para ajustar prácticas educativas.

Actividad 3. Observación sincrónica en un aula Waldorf

Objetivo: Observar de forma sistemática lo que ocurre en un momento concreto del aula, identificando interacciones, rutinas y dinámicas conforme a la pedagogía Waldorf.

Instrucciones:

1- Presentación (5 min): El docente explica que la observación sincrónica consiste en registrar, de manera objetiva y detallada, lo que sucede en un instante concreto de la jornada escolar, como una rutina diaria, juego libre o actividad dirigida.

2. Visualización del video principal (10 min):

Visionado en grupo del video "Learn through play - Kindergarten at The London Steiner School" .https://www.youtube.com/watch?v=Ja7SS1olx5I

Se les pide a los estudiantes que atiendan especialmente a:

- Las rutinas y el ambiente de aula.
- El papel del docente.
- Cómo interactúan los niños entre sí y con el entorno.

3. Registro de observación (10 min):

Utiliza un registro de observación dónde se anotan los siguientes aspectos:

- Quién participa y cómo (docente, niños, asistentes).
- Qué acciones y rutinas se observan (saludo, juego, asamblea, comidas, cuento, etc.).

- Tipos de interacciones (colaboración, autonomía, conflictos, ayuda, imitaciones, etc.).

4. Puesta en común (10 min):

En grupos pequeños, se comparten y comparan las observaciones realizadas para identificar similitudes, diferencias y patrones comunes:

- ¿Qué patrones y tipos de interacciones se observaron en el aula Waldorf durante el video?
- ¿Qué importancia tienen las rutinas y el ambiente preparado en la experiencia educativa Waldorf?
- ¿Por qué creéis que es valioso observar momentos concretos para comprender la vida real del aula?

4. Autoevaluación

1. ¿Cuál es una característica principal de los diseños observacionales en el estudio de aulas de educación infantil?
a. Permiten manipular variables para obtener resultados precisos.
b. Se centran en realizar intervenciones experimentales en el aula.
c. Ofrecen flexibilidad y permiten observar fenómenos en su entorno natural sin intervenir.
d. Limitan la comprensión de las interacciones naturales al alterar el ambiente.

2. Si realizamos una única sesión de observación en la que registramos la aparición de las conductas morder, empujar y gritar en una única unidad-grupo de 10 sujetos de un aula de Educación Infantil:
a. Nomotético, puntual y multidimensional.
b. Ideográfico, puntual y multidimensional.
c. Ideográfico, de seguimiento y unidimensional.
d. Nomotético, de seguimiento y multidimensional

3. Si un investigador desea comprender en profundidad la evolución del desarrollo del lenguaje de un niño con autismo a lo largo de varios años, ¿qué tipo de diseño observacional, según el modelo de Anguera et al., sería el más adecuado y por qué?
a. Nomotético, puntual y unidimensional, porque busca identificar patrones generales en el lenguaje.
b. Idiográfico, seguimiento y unidimensional, porque se centra en un individuo y su evolución en una única dimensión.
c. Nomotético, seguimiento y multidimensional, porque analiza un grupo a lo largo del tiempo en múltiples dimensiones.

d. Idiográfico, puntual y multidimensional, porque observa a un individuo en un momento específico con varias dimensiones.

4. Un equipo de docentes quiere evaluar la efectividad de una nueva metodología de enseñanza en un grupo de 30 alumnos y alumnas de educación infantil, observando cómo impacta en su participación en clase y en la interacción con sus compañeros a lo largo de un semestre. ¿Qué diseño observacional sería el más apropiado para este estudio?
  a. Idiográfico, puntual y unidimensional.
  b. Nomotético, seguimiento y multidimensional.
  c. Idiográfico, seguimiento y unidimensional.
  d. Nomotético, puntual y unidimensional.

5. Un psicólogo educativo desea realizar un estudio para identificar patrones de agresividad en aulas de educación infantil en diferentes colegios de una ciudad, utilizando cuestionarios estandarizados.
  a. Idiográfico, con datos subjetivos y descriptivos.
  b. Nomotético, con muestras pequeñas y métodos cualitativos.
  c. Nomotético, con muestras grandes y datos objetivos y numéricos.
  d. Idiográfico, con seguimiento prolongado y análisis contextualizado.

6. Un investigador está en la fase inicial de "Planteamiento del estudio" para un diseño observacional. Si su objetivo es analizar la evolución de las interacciones sociales entre un grupo de 15 niños y niñas a lo largo de un trimestre, registrando tanto su lenguaje verbal como sus expresiones no verbales, ¿cuál de las siguientes combinaciones de diseño se ajusta mejor a su propósito?
  a. Idiográfico-Multidimensional-Puntual
  b. Idiográfico-Unidimensional-Seguimiento
  c. Nomotético-Multidimensional-Seguimiento
  d. Nomotético-Unidimensional-Puntual

CAPÍTULO 4.
TÉCNICAS DE REGISTRO OBSERVACIONAL

· ·

1. Preparación

Actividad 1- Imagina un registro de ausencias
- Imagina que una investigadora necesita saber cómo se comporta el alumnado cuando el profesor no está en el aula.
  - ¿Cómo harías para recabar esa información?
  - ¿Cómo podrías garantizar que esa información sea de calidad, comparable por otros investigadores y útil?
- Reflexiona sobre la necesidad de técnicas sistemáticas para registrar información que no siempre es evidente o directamente observable.

Actividad 2. Compara tres formas de registrar la observación
- Elige cuál de estas formas de observar te parece más útil para un estudio científico y justifica brevemente el motivo:
  1. Escribir libremente lo que ocurre.
  2. Marcar con una tabla si pasan ciertas cosas.
  3. Grabarlo todo con el móvil.
- Piensa las ventajas y límites de distintas modalidades de registro de información

Actividad 3. ¿Qué cambia si cambias el instrumento?
- Observa durante 2 minutos una escena del aula (real o en vídeo).
  - Primero, anota libremente lo que veas.
  - Después, imagina que te dan una lista de control con cinco ítems claros.
- ¿Qué cambia en tu forma de observar? ¿Qué pierdes y qué ganas?

Actividad 4. Instrumentos observacionales para problemas difíciles
- Imagina problemática y situaciones de interés para la investigación observacionales, pero complejas:
  - El ambiente emocional en una excursión
  - Formas de discriminación sutil en el aula

- Los cambios atencionales en el alumnado
- El sentimiento de pertenencia de diferentes menores
- Piensa cómo podrías hacer un registro observacional de cada una.
- Diseña los instrumentos con los que podrías hacerlo

2. Contenido

Como se ha analizado hasta ahora, la observación sistemática es una estrategia de investigación científica útil en contextos socioeducativos. La calidad de la misma depende, en gran medida, de que los datos obtenidos mediante los registros sean adecuados y precisos, es decir, sean representativos de las realidades que se quieren medir. A continuación, vamos a presentar las características de todos los tipos y modalidades de registro observacional.

El registro observacional y sus técnicas

Cuando hablamos de registro o de registrar datos nos referimos a transcribir, pasar de los hechos a los datos, los eventos observados de manera estructurada. Para ello, empleamos instrumentos y técnicas que varían según el grado de estructuración del estudio y sus objetivos. Anguera (2003) define registrar como la acción de "capturar datos de la realidad", trasladando lo observado a soportes físicos o digitales mediante sistemas de códigos. En cambio, la codificación es un proceso que consiste en representar los comportamientos observados mediante códigos asignados a unidades específicas. En procesos de investigación inductivos, que van de la realidad a la teoría, primero se registran unidades conductuales y después se codifican; mientras que en procesos de investigación deductivos, primero se codifican las unidades conductuales y después se registran.

Por último, las técnicas de registro observacional son procedimientos sistemáticos destinados a documentar los comportamientos o fenómenos con precisión y orden. Estas técnicas pueden variar en su grado de sistematización y estructura, y se seleccionan según las exigencias del estudio. Entre las técnicas más comunes se encuentran:

- *Registro narrativo:* Consiste en describir de forma detallada y libre los eventos observados, utilizando un lenguaje natural y sin una estructura predefinida.
- *Registro descriptivo:* Implica una descripción más estructurada y precisa de los comportamientos observados, enfocándose en aspectos específicos y relevantes para la investigación.
- *Registro categorial:* Utiliza un sistema de categorías predefinidas para codificar los comportamientos observados, facilitando el análisis cuantitativo de los datos.
- *Registro tecnológico o audiovisual:* Emplea herramientas tecnológicas, como grabaciones de audio o video, para capturar y analizar los datos observados.

Modalidades de registro observacional

Las modalidades de registro observacional se refieren a las diferentes formas en que se pueden aplicar las técnicas de registro y de los objetivos de la investigación. Los cuatro tipos de registro se reconocen en modalidades cualitativas, cuantitativas y audiovisuales, de acuerdo con la naturaleza de sus datos y la forma de analizarlos. A continuación, se detallan las principales modalidades:

1. Registro cualitativo narrativo. El registro narrativo es una modalidad cualitativa que se caracteriza por la descripción libre y detallada de los eventos observados, utilizando un lenguaje natural y sin una estructura predefinida. Este tipo de registro permite capturar matices y detalles que podrían perderse en registros más estructurados, aunque su análisis puede requerir más tiempo y esfuerzo debido a su naturaleza cualitativa. Es especialmente útil en las fases exploratorias de la investigación, donde se busca captar la riqueza y complejidad del fenómeno en su contexto natural. Es un enfoque que se caracteriza por su flexibilidad y reflejar la subjetividad del investigador.

2. Registro cualitativo descriptivo. El registro descriptivo implica una observación sistemática con una estructura más definida que el registro narrativo. Se enfoca en describir comportamientos específicos y relevantes para la investigación, utilizando términos más precisos y, en ocasiones, categorías preestablecidas. Facilita la comparación entre diferentes observaciones y puede servir como base para el desarrollo de sistemas de codificación más estructurados. Permite hacer descripciones detalladas y específicas, centrándose en comportamientos relevantes

3. Registro categorial (cuantitativo). El registro categorial se basa en la codificación de comportamientos observados según un sistema de categorías predefinidas. Este enfoque permite una mayor sistematización y facilita el análisis cuantitativo de los datos. Se suele elaborar definiendo conductas observacionales medibles, variables cuantitativas y sistemas de categorías que permiten traducir la observación en valores numéricos, que pueden analizarse estadísticamente. Es especialmente útil cuando se busca cuantificar la frecuencia de ciertos comportamientos o se quieren relacionar con otras variables.

4. Registro audiovisual o tecnológico. El registro audiovisual o tecnológico implica el uso de herramientas como grabaciones de audio y video para capturar de manera precisa y objetiva los eventos observados. Estas grabaciones pueden ser analizadas posteriormente utilizando software especializado. El registro audiovisual facilita hacer análisis más detallados y rigurosos, pero requiere tener en cuenta consideraciones éticas y de confidencialidad.

Registros cualitativos

Los registros narrativos y descriptivos caen bajo esta categoría.

Registros cuantitativos

Los registros categoriales abiertos o cerrados están incluidos aquí.

Registros audiovisuales

Esto implica registrar observaciones utilizando audio y video.

Figura 18.
Modalidades de registro observacional

Técnicas e instrumentos de registro según su grado de sistematización

La clasificación de los tipos de registro observacional según su grado de sistematización se organiza en un continuo que va desde modalidades menos estructuradas hasta aquellas altamente estructuradas y controladas. En este caso podemos clasificar cada técnica de recogida de datos observacional según si mantiene una forma no sistemática, semi-sistemática o altamente sistemática (Nieto-Martin, 2010; Buendía, 1998). También se incluyen las técnicas audiovisuales por su especificidad.

1. **Registros no sistematizados (abiertos) [narrativos y descriptivos].** Este tipo de registros se caracterizan por su flexibilidad y espontaneidad. No poseen una estructura claramente predefinida. Al igual que el resto de los instrumentos abiertos, son más útiles en las fases exploratorias de la investigación o cuando se busca una comprensión profunda del fenómeno y contexto observado porque ayudan mucho a capturar su riqueza y complejidad. Su principal limitación es que el análisis puede ser más subjetivo y menos sistemático.

- *Diarios*: registros continuos que documentan la evolución de los fenómenos observados a lo largo del tiempo.
- *Cuadernos o notas de campo*: descripciones detalladas y personales de las observaciones realizadas, incluyendo reflexiones y percepciones del observador.
- *Registros anecdóticos*: narraciones de eventos significativos o inusuales que proporcionan información relevante sobre el sujeto o fenómeno estudiado.
- *Registro continuo*
- *Matrices de observación*: Instrumentos que combinan diferentes variables o dimensiones de análisis, facilitando la codificación y análisis de datos complejos.

2. **Registros semi-sistematizados [categoriales pero abiertos].** En esta modalidad, se introduce cierta estructura en el registro, aunque se mantiene cierta flexibilidad. Se definen categorías o aspectos específicos a observar, pero se permite la inclusión de información adicional relevante Estos registros facilitan la compa-

ración entre observaciones y permiten un análisis más estructurado, aunque requieren una definición clara de las categorías y criterios de evaluación.

- *Listas de control:* Instrumentos que enumeran conductas o eventos específicos, marcando su presencia o ausencia durante la observación.
- *Escalas de estimación:* Herramientas que permiten valorar la intensidad o frecuencia de determinadas conductas, utilizando escalas numéricas, gráficas o descriptivas.
- *Registro de intervalos o de eventos:* Medición de conductas o eventos en un determinado periodo de tiempo.

3. **Registros sistematizados [categoriales cerrados].** Estos registros se basan en sistemas de codificación previamente definidos, con categorías exhaustivas y mutuamente excluyentes. Se utilizan en investigaciones que requieren un alto grado de objetividad y replicabilidad.

- *Sistemas de categorías:* Conjuntos de categorías definidas que permiten codificar de manera precisa las conductas observadas.
- *Rúbrica observacional*

4. **Registros tecnológicos o audiovisuales.** El uso de tecnologías como grabaciones de audio y video permite capturar de manera precisa y objetiva los eventos observados. Estas grabaciones pueden ser analizadas posteriormente utilizando software especializado, lo que facilita un análisis detallado y repetido.

- *Grabaciones de video:* permiten revisar las observaciones múltiples veces, asegurando una mayor precisión en el análisis.
- *Grabaciones de audio.*

Todas las técnicas de recogida observacionales señaladas hacen referencia, a su vez, a instrumentos observacionales. Las técnicas y los instrumentos no son exactamente lo mismo, pero están profundamente entrelazados.

Las técnicas de registro se refieren al procedimiento sistemático mediante el cual se capturan y organizan los datos observados durante una investigación, definiendo cómo, cuándo y qué se registra. Por su parte, los instrumentos son los soportes concretos que permiten aplicar estas técnicas, es decir, los medios físicos o digitales donde se registra la información, los cuales ayudan a conservar, ordenar y sistematizar los datos para su posterior análisis. De modo que el proceso y el criterio para recoger los datos es lo que define la técnica, mientras que el formato y soporte es lo relativo al instrumento.

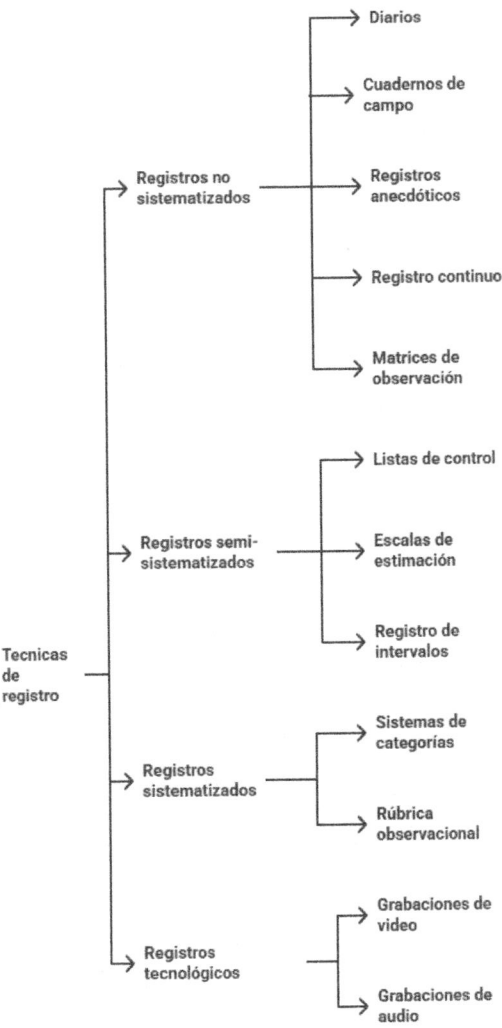

Figura 19.
Técnicas de registro observacional según su nivel de estructuración

A continuación, se van a ir describiendo las características y estrategias para el desarrollo de cada uno de los instrumentos y técnicas descritos.

Diario de clase

El diario de clase es un registro que documenta la conducta y el pensamiento del docente sobre eventos que sucedieron en el pasado (retrospectivamente) y lo hace a lo largo del tiempo. Es un tipo de documento íntimos que muestra pensamientos, estados de ánimo, sensaciones y reflexiones personales. Su uso periódico refleja la visión del autor sobre los procesos más significativos de la dinámica en la que está inmerso. El texto producido en el diario de campo es mucho más elaborado y está destinado a un análisis posterior, ya sea días, meses o años después.

En el contexto educativo, es una técnica en la que los docentes recogen sus impresiones sobre lo que va sucediendo en clase, incluyendo observaciones subjetivas, opiniones e interpretaciones. Según Zabalza y Beraza (2004), el modo en el que el profesor elabora el diario puede clasificarse en:

1. Diario como organización estructural de la clase: Se describen únicamente las actividades realizadas, como el horario u organización.
2. Diario como descripción de tareas: Se describen las tareas que se realizan en clase, a veces incluyendo el porqué de estas y sus objetivos. A través de estos diarios se profundiza en la dinámica de clase.
3. Diario como expresión de las características de los alumnos y de los propios profesores: Cuando se expresan las características de los alumnos, se denomina expositivo, y cuando se refieren a los propios profesores, autoexpresivo. Aquí predomina el factor personal.

Es importante destacar que estos tipos de diarios no son excluyentes entre sí, sino que se pueden dar simultáneamente.

Estructura y realización del diario

Para la realización del diario no existen pautas fijas. Su grado de estructuración depende del autor; que, por lo general, suelen adoptar una forma abierta. Es habitual fecharlos y ofrecer detalles sobre el tiempo, forma y tema. Las anotaciones han de ser lo más completas posibles y detalladas posibles.

Según el formato y grado de libertad-estructura que tengan, los diarios pueden ser:

- Abiertos. No precisan una preparación específica y relatan el clima del aula en general. Su principal inconveniente es que suelen ser muy subjetivos, es decir, prima el punto de vista del que los realiza.
- Semiestructurados. Se identifican las situaciones y posteriormente se describe la relación entre alumno y profesor. Su principal inconveniente es que el análisis de la información es muy laborioso.
- Estructurados. Son fáciles de analizar y su dificultad está en su cuidadosa elaboración; además, fragmentan la realidad, dándole un carácter aislado a las situaciones.

El diario de campo se refiere a la reescritura limpia, fuera de campo, de todas las anotaciones del cuaderno. Se realiza una vez que se han producido los hechos. Las observaciones son subjetivas, dependen del recuerdo del observador e incluyen opiniones e interpretaciones. Son documentos íntimos que muestran pensamientos, estados de ánimo, sensaciones y reflexiones personales. Su uso periódico refleja la visión del autor sobre los procesos más significativos de la dinámica en la que está inmerso. Tiene un estilo de escritura más pausado, corrigiendo y completando anotaciones que previamente ha realizado en el cuaderno de campo.

Contenido que recoge un diario

Como el diario ha de recoger una descripción precisa de los diversos acontecimientos y situaciones que se dan en el aula, podemos centrarnos y recoger aspectos como los siguientes (Porlán y Martín, 1991):

- Aspectos referidos al profesor: Tipos de comportamiento, conductas sancionadoras que realiza, conductas afectivas, etc.
- Aspectos referidos a los alumnos: Comportamientos individuales, comportamientos relacionados con otros alumnos y con el profesor.
- Aspectos referidos a la comunicación didáctica: Características físicas de la clase, organización y distribución de los espacios y de los tiempos, tipo de tareas que se realizan en clase.
- Además, es recomendable discernir entre lo que se ve y lo que se piensa. De ahí que sea muy común la propuesta de incorporar dos apartados en el diario: uno descriptivo y otro valorativo.

Funciones del diario

Respecto a sus funciones, los diarios de clase cumplen algunas importantes:

1. Acumular información histórica sobre el aula y lo que ocurre en ella.
2. Describir acontecimientos o momentos parciales, identificar problemas surgidos y seguir temas de interés.
3. Analizar los datos y reflexionar sobre esos acontecimientos, momentos, problemas o cuestiones.
4. Imaginar explícita o implícitamente soluciones, explicaciones o causas de problemas.

Tratar el texto del propio diario como un objeto de investigación, aplicando técnicas de análisis de contenido, identificación y tratamiento de diversos indicadores (relativos a creencias, concepciones, ideas, comportamientos, etc.), redundancias, coherencia y divergencias entre distintos diarios, etc.

Beneficios e inconvenientes

El uso del diario de clase aporta múltiples beneficios, tales como una mayor conciencia de los actos y un enfoque analítico de las prácticas profesionales. El docente presta más atención a lo que ocurre para poder describirlo después y repasa las actividades realizadas, identificando sus componentes. Una aproximación analítica y rica a los hechos permite extraer más consecuencias.

No obstante, es fundamental considerar dos grandes problemas a la hora de hacer un diario:

- La reactancia de los profesores a realizarlos pues consideran que son una pérdida de tiempo esto se puede solucionar, a través de métodos eficaces de notas, etc.

- La subjetividad se puede solucionar con métodos como la comparación de diarios de profesor y alumnos o con técnicas de triangulación usando otras estrategias como pueden ser la entrevista, cuestionario, etc.

Hay muchos ejemplos posibles de diarios con mayor o menor estructuración según los objetivos que se persigan.

DIARIO DE UNA MAESTRA EN FORMACIÓN

Fecha _____Grupo_____Asignatura _____

Problema y dificultades que he detectado:

¿Qué cosas mantendría y qué cosas cambiaría?, ¿por qué?

Figura 20.
Ejemplo de diario de clase

Registro anecdótico

El registro anecdótico (o anecdotario) es un instrumento de observación cualitativo que consiste en describir de forma objetiva y detallada hechos conductuales significativos ocurridos en un contexto determinado. Normalmente son narraciones breves de incidentes inesperados o relevantes de un individuo o un pequeño grupo. Se busca capturar información que podría perderse si no se anota de inmediato. Por eso, a diferencia de otros métodos planificados, el registro anecdótico surge espontáneamente. Es algo como una "instantánea escrita". En ámbitos como la educación y la psicología, el registro anecdótico sirve para hacer seguimiento de la evolución de un individuo, identificar patrones de conducta, y/o fundamentar intervenciones o decisiones formativas basadas en hechos observados.

El anecdotario cumple diversas funciones en contextos aplicados como los educativos:

Seguimiento del desarrollo y comportamiento: En el ámbito educativo, los docentes utilizan registros anecdóticos para observar la evolución de sus alumnos. Podría, por ejemplo, ayudar a identificar ayudar a patrones de conducta y detectar necesidades educativas.

5. *Base para intervenciones y toma de decisiones*: Los registros anecdóticos sirven como insumos concretos para planificar acciones pedagógicas. Un incidente registrado puede desencadenar una intervención: tras documentar, por ejemplo, que un alumno aisle a un compañero durante el recreo en varias ocasiones, el orientador escolar podría implementar estrategias de integración social.

6. *Evaluación formativa y personalizada*: Dentro de una evaluación continua de los aprendizajes, el registro anecdótico es valioso por su enfoque formativo. A diferencia de las calificaciones numéricas, las anécdotas describen conductas reales que pueden retroalimentarse con el propio alumno. Un docente puede compartir (de manera constructiva) algunas observaciones anecdóticas con el estudiante para concientizar sobre sus fortalezas o áreas a mejorar.

7. *Registro documental para investigaciones*: Si es bien llevado constituye un registro documental valioso. En una investigación cualitativa las anécdotas permiten extraer categorías de conducta o para estudiar casos en profundidad.

Características y condiciones del registro anecdótico

1. Brevedad y claridad: La redacción debe ser concisa y directa, sin adornos innecesarios, centrada en lo esencial del incidente.

2. Focalización en un hecho concreto: Cada registro debe describir un único suceso significativo, delimitado en tiempo y espacio.

3. Precisión y objetividad: Se consignan exclusivamente las conductas observadas, evitando interpretaciones o valoraciones subjetivas.

4. Individualización del sujeto: El registro se centra en una persona específica (o grupo reducido), destacando su comportamiento particular.

5. Inmediatez en el registro: Debe elaborarse lo antes posible tras el hecho observado, para conservar la frescura y exactitud de los datos.

6. Separación entre descripción e interpretación: La interpretación, si se incluye, debe ir en un apartado claramente diferenciado del relato objetivo.

7. Contextualización adecuada: Es imprescindible indicar el entorno en que ocurrió la conducta (fecha, hora, lugar, actividad, personas presentes), ya que el contexto otorga sentido a lo observado.

Estructura de una ficha anecdótica

El registro anecdótico suele implementarse mediante fichas o formularios estandarizados donde el observador consigna los datos de cada incidente. Típicamente, una ficha anecdótica incluye:

1. *Datos de identificación*: nombre o código del sujeto observado (ej. alumno o paciente), su curso o edad, la fecha y hora de la observación. También puede registrarse el lugar y la actividad o situación en que ocurre la anécdota. Estos datos contextuales (¿cuándo? ¿dónde? ¿quién? ¿qué hacía?) son fundamentales para situar el incidente en contexto.

2. *Descripción de la anécdota*: un párrafo corto que relata objetivamente el incidente tal y como ocurrió, con suficiente detalle. Debe incluir qué hizo o dijo el sujeto, y cualquier acontecimiento relevante alrededor, sin introducir interpretaciones personales. Es la narración factual del episodio significativo.

3. *Interpretación (opcional)*: un apartado separado donde el observador analiza o interpreta el significado del incidente, una vez descrito el hecho. Aquí se pueden anotar las posibles causas, consecuencias o hipótesis que el observador infiere de lo ocurrido, así como recomendaciones posteriores. Es crucial que esta sección esté diferenciada de la descripción objetiva para no confundir hechos con opiniones.

Alumno/a: _____

Curso: _____   Fecha: _____

Lugar: _____

Actividad que está realizando: _____

Anécdota:

Interpretación:

Figura 21.
Ejemplo del registro anecdótico

Limitaciones

A pesar de sus ventajas, si el registro anecdótico no se utiliza correctamente puede incurrir en limitaciones y errores que disminuyen su fiabilidad. Algunos de ellos son:

1. Confundir el hecho con la interpretación: Anotar la opinión o conclusión del observador en lugar de describir objetivamente el incidente. (Por ejemplo, escribir "el alumno estaba molesto porque no le gusta perder" en vez de narrar qué hizo o dijo exactamente el alumno). Esto distorsiona la evidencia ya que registra la percepción subjetiva y no el suceso en sí.

2. Usar el anecdotario en defensa propia: Emplear los registros anecdóticos para justificar las acciones del observador (p. ej. del docente) en vez de centrarse en la conducta del sujeto.

3. Falta de contexto del incidente: Anotar hechos aislados sin indicar las circunstancias en que ocurrieron. Si no se deja constancia del contexto o situación (momento, entorno, eventos concurrentes), la anécdota queda incompleta y puede ser malinterpretada fuera de su contexto. Un mismo comportamiento puede tener significados distintos según dónde o cuándo suceda; por ello omitir el contexto es un error grave.

4. Generalizar con casos insuficientes: Juzgar al individuo en su conjunto a partir de muy pocas anécdotas. Un anecdotario debe verse como una colección amplia en el tiempo; si se extraen conclusiones sobre "cómo es" una persona basándose en uno o dos incidentes puntuales, se corre riesgo de representar algo no fiel. Este error es tomar la parte por el todo.

5. Quebrantar la confidencialidad: No guardar la información como material confidencial. Si las observaciones caen en manos indebidas o se usan indebidamente, pueden perjudicar al sujeto en el futuro.

6. Sesgo hacia lo negativo: Tendencia del observador a registrar más los acontecimientos problemáticos o negativos y dejar apenas constancia de los positivo. Hay que evitar impresiones unilaterales: es tan importante anotar logros y conductas positivas como incidentes conflictivos, para tener una visión completa.

7. Prejuicios del observador: Dejarse llevar por juicios preconcebidos y seleccionar qué anotar filtrado por esas ideas previas. Por ejemplo, si el observador cree que cierto alumno es "rebelde", podría notar solo las conductas que confirmen ese prejuicio (sesgo de confirmación) y omitir las que lo contradigan.

Registro continuo

Los registros continuos, por su parte, son una técnica de observación directa que permite documentar cronológicamente el comportamiento de un individuo o grupo durante un periodo determinado. A diferencia de los registros anecdóticos, que se centran en eventos puntuales, los registros continuos ofrecen una visión más sistemática y seguida. Se caracterizan por:

1. El observador registra los comportamientos a medida que ocurren, sin interrupciones, durante un intervalo de tiempo previamente establecido.

2. Se incluyen detalles sobre el entorno, los participantes, la hora, el lugar y las condiciones en las que se desarrolla la actividad.

3. Se documenta el orden en que ocurren los eventos, sus secuencias y la duración de cada uno, lo que permite analizar patrones de comportamiento.

Utilidad en la práctica educativa

Los registros continuos son especialmente útiles en las fases iniciales de una investigación o cuando se busca comprender en profundidad la dinámica de un aula. Permiten:

- Al observar de manera continua, es posible detectar conductas repetitivas o inusuales que podrían pasar desapercibidas en observaciones esporádicas.
- Se pueden analizar las interacciones sociales o relaciones entre los alumnos, la participación en actividades grupales y la respuesta a diferentes estímulos.
- La información recopilada puede guiar ajustes en la metodología de enseñanza, la organización del aula o la intervención en casos específicos.

Estructura del registro continuo

El siguiente gráfico 21 muestra un esquema del registro continuo:

FICHA DE REGISTRO			
Observador			
Fecha		Lugar	
N° de la sesión de observación			
Hora de comienzo		Hora de finalización	
Observaciones			
Lista de rasgos/ sucesos por hora			

Figura 22.
Ejemplo del registro mediante registro continuo

Ejemplo práctico

Situación: Observación de un niño durante el recreo para evaluar su interacción con sus compañeros.

Hora: 10:30 - 11:00
Lugar: Patio de la escuela
Observación:
10:30: El niño sale al patio y se dirige al área de juegos.
10:35: Se une a un grupo de niños que juegan al fútbol. Participa activamente.
10:45: Discute con un compañero por una falta en el juego. Se muestra molesto.
10:50: Se aleja del grupo y se sienta solo en un banco.
10:55: Una maestra se le acerca y conversan durante unos minutos.
11:00: Regresa al aula con el resto de los alumnos.

Matrices de observación

Las matrices de observación son herramientas metodológicas que permiten registrar de manera sistemática, organizada y objetiva los comportamientos, eventos o fenómenos que se presentan en un contexto determinado. Estas matrices estructuran la información en función de categorías o variables específicas que se desean observar, como pueden ser interacciones verbales, acciones físicas o el uso de recursos. Además, incluyen las unidades de observación, es decir, las personas, grupos, espacios o momentos que serán objeto de análisis, y los criterios de registro, que pueden basarse en la frecuencia, duración, intensidad o simplemente en la presencia o ausencia de los comportamientos observados. A menudo también incorporan una dimensión temporal, lo que permite registrar la secuencia o el momento en que ocurren los hechos observados.

Las matrices de observación se clasifican en cualitativas, cuantitativas y mixtas, porque a pesar de su carácter altamente estructurado pueden recoger datos de distinta naturaleza.

- *Matrices cualitativas:* se centran en la descripción detallada de comportamientos, interacciones y contextos. Se utilizan para comprender significados, percepciones y experiencias desde la perspectiva de los participantes.
- Las matrices cualitativas suelen estructurarse en torno a categorías temáticas o dimensiones de análisis que emergen del marco teórico o de la propia observación. La tabla 1 anexa una matriz cualitativa.
- *Matrices cuantitativas:* Estas matrices registran la frecuencia, duración o intensidad de comportamientos específicos, permitiendo análisis estadísticos y comparaciones entre grupos o condiciones
- *Matrices mixtas:* Integran elementos cualitativos y cuantitativos, proporcionando una visión más completa del fenómeno estudiado.

La tabla 5 muestra un ejemplo de matriz cualitativa.

Tabla 5.

Ejemplo de una matriz observacional cualitativa

	Espacio	Objetos	Actos	Tiempo	Actores	Objetivos	Emociones
Espacio	¿Describirías todas las características espaciales del lugar?	¿De qué modos el espacio está organizado por los objetos?	¿De qué modos el espacio está organizado por los actos?	¿Qué cambios experimenta el espacio a lo largo del tiempo?	¿De qué modos el espacio es usado por los actores?	¿De qué modos el espacio está relacionado con las metas?	¿Qué lugares están asociados a qué emociones?
Objetos	¿Dónde se ubican los objetos?	¿Puedes describir con detalle todos los objetos?	¿De qué modos se usan los objetos en los actos?	¿Cómo se utilizan los objetos en momentos diferentes?	¿De qué manera los actores utilizan los objetos?	¿Cómo se utilizan los objetos en la consecución de metas?	¿De qué manera los objetos evocan emociones?
Actos	¿Dónde ocurren los actos?	¿Cómo incorporan objetos los actos?	¿Puedes describir con detalle todos los actos?	¿Cómo varían los actos en el tiempo?	¿Cómo ejecutan los actores los actos?	¿Cómo se relacionan los actos con las metas?	¿De qué modos los actos están ligados a las emociones?
Tiempo	¿Dónde tienen lugar las segmentaciones de tiempo?	¿Cómo afecta el tiempo a los objetos?	¿Cómo se ubican los actos en periodos de tiempo?	¿Describir todos los segmentos de tiempo?	¿Cuándo están los actores "en escena"?	¿Cómo se relacionan actores y tiempo?	¿Cuándo se evocan los emociones?
Actores	¿Dónde se sitúan los actores?	¿Cómo utilizan los actores los objetos?	¿Cómo utilizan los actores los actos?	¿Cómo varían los actores a lo largo del tiempo?	¿Puedes describir con detalle a todos los actores?	¿Qué actores están ligados a qué metas?	¿Cuáles son los sentimientos de los actores?
Objetivos	¿Dónde se persiguen y logran las metas?	¿Cómo implican las metas el uso de objetos?	¿De qué modos las más implican una serie de actos?	¿Qué metas se programan en qué tiempo?	¿Cómo afectan las metas a los actores?	¿Puedes describir con detalle todas las metas?	¿Cómo las metas evocan emociones?
Emociones	¿En qué lugares se generan determinadas emociones?	¿Qué emociones llevan al uso de qué objetos?	¿Cómo afectan las emociones a los actos?	¿Qué relaciones hay entre emociones y el tiempo?	¿Cómo afectan las emociones a los actores?	¿Cómo afectan las emociones a los objetivos?	¿Puedes describir con detalle todos las emociones?

Lista de control

Una lista de control, *lista de cotejo, lista de verificación o checklist*, es un instrumento de observación **semiestructurado** que presenta una serie de criterios, conductas o indicadores previamente definidos para verificar la **presencia o ausencia (sí o no) de cada elemento durante la observación.** De este modo, la lista actúa como un instrumento de verificación sistemática, permitiendo valorar rápidamente si se dan (o no) ciertos criterios durante un proceso o actividad. Entre sus características se encuentra que:

Cada ítem se califica en términos binarios (dicotómicos): típicamente *sí* (presente, logrado, cumple) o *no* (ausente, no logrado, no cumple). A veces basta con una casilla para marcar con un "✓", dejando en blanco los no observados. El formato suele ser una tabla o matriz donde los renglones son los distintos indicadores y las columnas incluyen opciones de respuesta dicotómica (por ejemplo, "Sí" / "No"). En algunos casos se añaden columnas adicionales para observaciones.

- Cada criterio o enunciado incluido en la lista debe describir una conducta o característica observable, de forma clara, específica y unívoca. Es fundamental que los ítems estén redactados en términos positivos (describiendo la conducta esperada, no su ausencia), y que eviten ambigüedades o juicios de valor subjetivos. La redacción debe ser breve y precisa, idealmente con un solo verbo de acción o una sola idea por ítem.

- Una buena lista de control incluye todos los aspectos clave que se desea observar, sin excederse en detalles triviales. Cada indicador debe aportar información sobre el logro del objetivo, cubriendo lo suficiente sin poner en exceso.

- Los ítems suelen organizarse en un orden lógico que puede ser cronológico (si la tarea implica una secuencia de pasos) o por categorías o dimensiones (si son conjuntos de rasgos relacionados). Si, por el contrario, la lista abarca aspectos independientes, puede ser útil agruparlos por categorías.

- Una lista de cotejo debe ser fácil de utilizar durante la observación. El evaluador puede llevarla en mano (en papel o formato digital) e ir marcando casillas con rapidez a medida que observa. Esto permite que se use en tiempo real, incluso en contextos dinámicos como un salón de clases o un ambiente clínico ocupado. Su carácter estandarizado posibilita que varias personas la utilicen de la misma manera.

A continuación, se presenta un ejemplo de una lista de control diseñada para observar habilidades sociales en un grupo de estudiantes de primaria:

Comportamiento observado	Sí	No
Saluda a sus compañeros al entrar al aula	X	
Comparte materiales con otros estudiantes	X	
Participa activamente en discusiones grupales		X
Respeta el turno de palabra	X	
Solicita ayuda cuando enfrenta dificultades		X
Consuela a un compañero si está triste		X

Figura 23.
Ejemplo de lista de control o cotejo sobre habilidades sociales

Ventajas y limitaciones

La lista de control tiene bastantes ventajas que hacen que su uso sea frecuente en contextos educativos y evaluativos. Es un instrumento sencillo y rápido de elaborar, ya que no requiere criterios complejos ni rúbricas detalladas. Esto facilita su implementación, especialmente cuando se dispone de poco tiempo. Al centrarse en conductas observables y utilizar un formato dicotómico (sí/no), minimiza la subjetividad del observador y mejora la fiabilidad interobservador, dado que no exige juicios valorativos, sino simplemente constatar la presencia o ausencia de ciertos comportamientos. Además, sus resultados son fáciles de interpretar, lo que proporciona información inmediata tanto al evaluador como al evaluado. Su flexibilidad permite adaptarla a diversos niveles educativos, áreas de contenido y contextos no escolares. También resulta útil para el seguimiento longitudinal del progreso de un individuo o grupo, al poder aplicarse repetidamente en diferentes momentos. Desde el punto de vista práctico, es una herramienta que interfiere poco en la dinámica de la actividad observada.

No obstante, su formato también implica limitaciones importantes. La naturaleza binaria de las respuestas no permite captar matices ni grados intermedios en la ejecución de una conducta, lo que puede simplificar en exceso situaciones complejas. En ocasiones, el observador se enfrenta a conductas que no son claramente afirmativas ni negativas, y la lista obliga a forzar una decisión. Además, al centrarse únicamente en los ítems predefinidos, no recoge detalles cualitativos ni el contexto de aparición del comportamiento. Por ello, no es un instrumento adecuado para valorar niveles de calidad ni para emitir juicios globales sumativos, siendo más útil en contextos diagnósticos o formativos. La validez del registro depende en gran medida de la calidad con que estén formulados los ítems; si son ambiguos, incompletos o mal redactados, la información recogida será poco fiable.

Pasos para la elaboración de una lista de control

Si queremos construir una checklist, lo ideal es hacer una planificación cuidadosa, tal y como muestra la figura 24. En primer lugar, es necesario delimitar con precisión el objetivo de la observación, formulado con un verbo de acción claro y contextualizado. A partir de ahí, se identifican los indicadores observables que evidencian el logro del objetivo y se redactan como ítems concretos, breves y específicos, evitando ambigüedades o expresiones que incluyan más de una acción. Posteriormente, se recomienda validar el contenido mediante revisión por expertos, y realizar una prueba piloto que permita detectar dificultades en su aplicación. Los ítems definitivos deben organizarse de forma lógica, ya sea siguiendo una secuencia cronológica o agrupados por dimensiones. Por último, es fundamental incluir instrucciones claras sobre cómo y cuándo aplicar la lista, qué criterios utilizar para marcar cada ítem y cómo registrar los datos. Estas indicaciones deben estar bien visibles en el propio instrumento y adaptarse según el tipo de observador (docente, estudiante, par).

Construcción de una lista de control

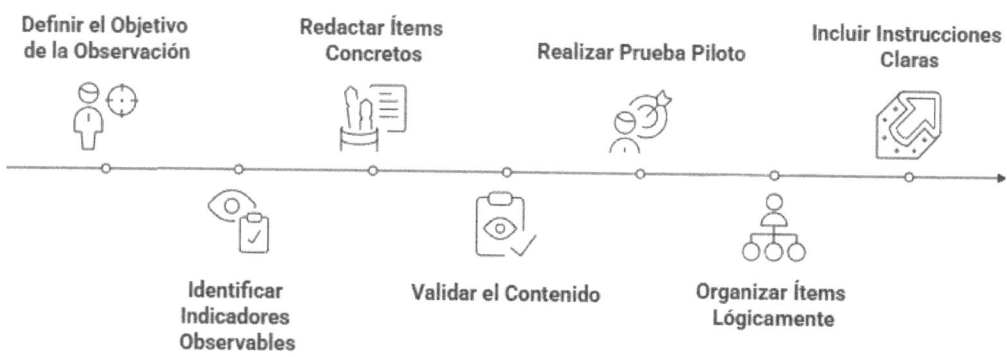

Figura 24.
Pasos para la construcción de una lista de control

Escala de estimación o apreciación

Las escalas de estimación o *escalas de apreciación* consisten en un listado de conductas a observar, pero, en esta ocasión, **el** observador debe graduar el nivel en que estas conductas se presentan. Con este tipo de registros, por tanto, se recaba una mayor cantidad de información, pero también suponen una mayor dificultad para el observador, ya que no solo deberá determinar si la conducta se ha producido o no, sino también la intensidad de esta. Las escalas de estimación se pueden clasificarse en varias modalidades o tipologías de registro. Las más utilizadas:

1. Escalas numéricas: En este tipo de escalas se parte de la gradación de los valores mediante la asignación de un valor numérico. El primer paso para su elaboración será determinar el número de elementos que tendrá la escala, teniendo en cuenta que la distancia entre cada uno de ellos debe ser lo más homogénea posible y que estos valores abarquen la totalidad de posibilidades de aparición de la conducta que se quiere observar. Una vez decidido esto, se asignará un valor numérico a cada una de las valoraciones realizadas en función del grado de aparición de la conducta y para su registro se marcará el valor que el observador determine en función de este (Figura 25).

Escala de estimación para utilizar en la asamblea					
Conductas que se quieren observar	1	2	3	4	5
Pide la palabra para expresar sus ideas			x		
Participa de forma active					
Se expresa de forma clara					

1. Nunca/ rara vez 2. Poco frecuente 3. Moderadamente 4. Bastante frecuente 5. Muy frecuente

Figura 25.
Ejemplo del registro mediante una escala de estimación de tipo numérico (1)

Otra forma de presentarla sería indicar el valor numérico al lado de la afirmación en función de los valores de la escala (Figura 26).

Grado de agresividad	
En el juego con sus compañeros se muestra...	3

1. Nunca/rara vez 2. Poco 3. Moderado 4. Bastante agresivo 5. Muy agresivo.

Figura 26.
Ejemplo del registro mediante una escala de estimación de tipo numérico (2)

2. Escalas gráficas. La base es la misma que cualquier otra escala: un listado de aspectos a evaluar, conductas, ítems o descriptores a observar. La diferencia con el resto de las escalas es que las diferentes opciones son gráficas. Suelen utilizarse mucho en educación infantil y primeros cursos de Primaria. Las más habituales son las de las tres caritas (sonriente, neutra y triste), o los colores del semáforo (verde, naranja y rojo).

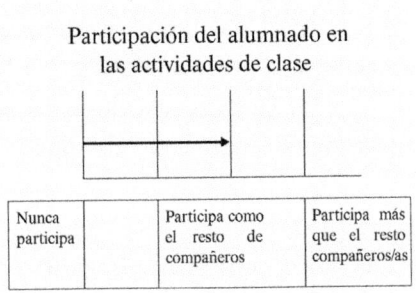

Figura 27.
Escala gráfica sobre participación del alumnado en actividades de clas

3. Escalas descriptivas. Dentro de las escalas de estimación, las descriptivas implican una mayor complejidad, tanto en su elaboración como en el registro, por lo que se recomienda su uso solo para observaciones con amplia experiencia o sistemas de categorías con pocos elementos y que se quieran registrar en profundidad. En este tipo de escalas se asigna una descripción de la aparición de cada una de las conductas y, posteriormente se le asignan valores, generalmente dos valores a cada una de esas descripciones (figura 28). Lo habitual es realizar entre 4 y 5 descripciones para cada conducta en función del grado de profundidad en el que se quieran registrar.

Grado de cooperación del alumnado/a con respecto a sus compañeros

No presta ni permite ayuda. Evita todo trabajo en común		Prefiere trabajar-solo/a		Coopera, pero sin mayor esfuerzo y sin mostrar mucha voluntad		Evidencia conformidad al integrar grupos de trabajo		Está dispuesto a prestar ayuda para el logro de objetivos. Antepone el éxito colectivo al personal.	
1	2	3	4	5	6	7	8	9	10

Figura 28.
Ejemplo del registro mediante una escala de estimación de tipo descriptivo

Registros de intervalo o eventos

Dos formas de registro bastante utilizadas en contextos educativos son el registro de eventos y el registro de intervalos. Aunque en ocasiones se confunden, son distintas y poseen finalidades distintas y requisitos específicos para su correcto desarrollo (Anguera et al., 1995; Hernández Sampieri et al., 2018).

El **registro de eventos** consiste en anotar la frecuencia con la que se presentan conductas previamente definidas durante un periodo continuo de observación. Se utiliza cuando el interés principal es cuantificar cuántas veces ocurre una conducta, independientemente de su duración o del momento exacto en que aparece. Es especialmente útil cuando se observan conductas breves, discretas y fáciles de delimitar. Por ejemplo, para analizar las interrupciones verbales de un estudiante durante una clase de 45 minutos, se podría registrar cada vez que este habla sin levantar la mano (comentar, preguntar, contar una anécdota, etc.). Los datos recogidos permiten calcular la frecuencia de ocurrencia y establecer patrones temporales, como la media de veces por intervalo de tiempo o la tendencia de aparición.

Por su parte, el **registro de intervalos** se enfoca en dividir el tiempo total de observación en segmentos iguales (intervalos) y registrar si una determinada conducta ocurre o no ocurre dentro de cada uno de ellos. A diferencia del registro de eventos, no se contabiliza cuántas veces ocurre la conducta, sino si está presente o ausente durante el intervalo, lo que proporciona una medida de duración relativa o proporción de ocurrencia en el tiempo.

La fijación de los periodos de observación implica determinar cuándo, cuánto y con qué frecuencia se observará, en función de la aparición esperada de las conductas de interés. Esta información se obtiene habitualmente a través de fuentes previas, como entrevistas. La duración de cada periodo debe ser suficiente para obtener datos representativos, situándose normalmente entre 10 y 30 minutos, y repitiéndose según sea necesario para cubrir adecuadamente la variabilidad de las conductas (por ejemplo, de lunes a viernes durante una semana). Por otro lado, la fijación de los intervalos se refiere a la duración de cada unidad dentro de un periodo de observación. Esta duración se adapta a la naturaleza de las conductas: si son breves, se emplean intervalos cortos; si son más prolongadas, intervalos más largos. El número total de intervalos dependerá de si se alternan momentos de observación y registro o si se registran al final del periodo. Para facilitar la transición entre intervalos, los observadores suelen contar con un sistema de aviso.

Existen varios tipos de registros de intervalo:

1. Intervalo parcial: Es el más usado. Se registran todas las conductas que ocurren dentro de cada intervalo, independientemente de lo que duren, o de las veces que se repitan.
2. Intervalo completo: solo se registra si la conducta se mantiene durante todo el intervalo sin interrupción.
3. Intervalo de punto en el tiempo (momentáneo): se observa si la conducta ocurre en un instante predeterminado dentro del intervalo (por ejemplo, al final del mismo).
4. Intervalo variable interocasión: el punto de observación se elige aleatoriamente dentro de cada intervalo, variando su localización en cada uno.

Registro categorial

Un sistema de categorías o registro categorial es un instrumento para registrar comportamientos mediante un conjunto predeterminado de categorías. Dado que las conductas humanas no se presentan de forma estandarizada ni en situaciones prototípicas, se requiere construir un andamiaje conceptual que sirva de soporte para seleccionar, organizar y registrar aquellas conductas relevantes en función de los objetivos del estudio. Este sistema debe ser lo suficientemente flexible como para adaptarse al a lo cambiante del comportamiento y a las particularidades del contexto observado (Anguera, 1990; 2003). Los sistemas de registro categorial son similares a las rúbricas, aunque estas últimas suelen estar muy enfocadas a la evaluación y admiten más valoraciones subjetivas.

La categorización es el proceso mediante el cual se crea el registro categorial. Para ello, se agrupa la información observada atendiendo a determinados criterios, que pueden estar previamente definidos o ser revisados y ajustados durante el desarrollo del estudio. Según Sekaran y Bougie (2013), categorizar implica organizar, constituir y clasificar las unidades de codificación. Aunque aquí se prioriza el registro de la observación, es necesario considerar que la reducción de los datos cualitativos a categorías forma parte del mismo proceso, ya que registro y codificación suelen ocurrir de forma simultánea. A través de este proceso, los comportamientos se clasifican en un número limitado de categorías concebidas como clases conceptuales que agrupan diferentes manifestaciones conductuales por su similitud estructural. Cada categoría está formada por un *núcleo categorial,* que representa su contenido conceptual esencial, y por un *nivel de plasticidad o apertura,* que engloba la diversidad de conductas observables que comparten propiedades con dicho núcleo. Mientras el núcleo tiene un carácter abstracto y teórico, el nivel de plasticidad refleja su dimensión empírica y observable, permitiendo recoger la heterogeneidad sin perder coherencia clasificatoria.

Para garantizar la calidad de un sistema categorial, deben cumplirse dos principios fundamentales:

- Exhaustividad, que implica que cualquier conducta relevante dentro del ámbito de estudio pueda ser clasificada en alguna de las categorías existentes.
- Exclusividad, que asegura que cada conducta se registre en una única categoría, sin solapamientos ni ambigüedad.

Estos sistemas suelen representarse mediante notaciones simbólicas, como {A, B, C, D, E}, donde cada letra corresponde a una categoría. No existe un número ideal de categorías, pero es necesario evitar tanto una cantidad reducida (que limite la discriminación entre conductas), como un exceso que complique la codificación y aumente el margen de error. Cuando no se detecta ninguna conducta relevante, se debe utilizar una **categoría nula** (Ø) o dejar el espacio de codificación vacío. También pueden emplearse **categorías ficticias** para registrar de forma unificada secuencias conductuales que generen una nueva unidad significativa, en lugar de codificarlas por separado. Los sistemas categoriales pueden adoptar una estructura jerárquica. Así, una categoría de tipo molar puede desglosarse en subcategorías de mayor detalle o molecularidad.

Un ejemplo práctico

Para mostrar su funcionamiento de manera sencilla, imaginemos un equipo de psicólogos que desea observar la conducta de juego en niños de preescolar durante el recreo. Su objetivo es distinguir distintos tipos de interacción social en el juego. Para ello, elaboran un sistema de categorías con las siguientes definiciones:

- Juego solitario (JS): El niño juega solo, sin interactuar con otros (e.g., explora objetos por su cuenta).
- Juego paralelo (JP): El niño juega junto a otros niños con juguetes similares, pero con mínima interacción social (cada uno enfocado en su actividad).

- Juego cooperativo (JC): El niño juega *con* uno o más compañeros, colaborando o intercambiando roles en una actividad común (por ejemplo, construyendo juntos una torre de bloques).
- Interacción conflictiva (IC): El niño se involucra en peleas o conflictos durante el juego (agresión física o verbal, disputas por un juguete, etc.).

En el momento de la observación, los investigadores utilizan una hoja de registro categorial donde figuran estas categorías. A medida que transcurre el recreo, cada vez que un niño focal se involucra en alguna actividad, el observador codifica la conducta marcando la categoría correspondiente. Por ejemplo, si el niño observado está construyendo bloques con otro, se anota un evento en la categoría *"Juego cooperativo"*. Si luego ese niño se aleja y comienza a jugar por su cuenta, se registra un evento de *"Juego solitario"*. Si ocurre un altercado por los juguetes, ese incidente se codifica bajo *"Interacción conflictiva"*. Al final de la sesión, el registro categorial contendrá una secuencia codificada de comportamientos, mostrando el tiempo o frecuencia que el niño pasó en cada modalidad de juego. La tabla 6 muestra un ejemplo de registro categorial para este ejemplo.

Tiempo (min)	Conducta observada	Descripción	Categoría
0–2	Juego solitario	Explora objetos solo	JS
2–4	Juego paralelo	Juega al lado de otro sin hablar	JP
4–6	Juego cooperativo	Construyen torre juntos	JC
6–8	Juego solitario	Juega con bloques solo	JS
8–10	Interacción conflictiva	Discute por un juguete con otro niño	IC

Tabla 6.
Ejemplo de tabla de registro categorial

Enfoques en la elaboración de sistemas categoriales

Existen tres enfoques principales para construir un sistema de categorías (Buendía, 2003):

1. Proceso deductivo. En este enfoque, el sistema se elabora partiendo de un marco teórico previo. A partir de conceptos ya definidos en la literatura, se determinan las macrocategorías y se especifican las categorías y las unidades de observación que las componen. Por ejemplo, en un estudio sobre actividad exploratoria infantil, se identificaron cuatro grandes bloques conceptuales (inactividad, interacción con materiales, contacto social y verbalizaciones), cada uno con sus respectivas categorías. Este método es adecuado cuando se dispone de una base teórica sólida que orienta la observación desde el inicio.

2. Proceso inductivo. Este procedimiento se basa en el análisis de registros narrativos o audiovisuales obtenidos durante observaciones exploratorias sin categorías predeterminadas. A partir de estos datos se identifican rasgos de conducta que se agrupan y depuran progresivamente hasta configurar el sistema categorial. El proceso incluye varias fases: elaboración del registro narrativo, sistematización inicial, elaboración de una lista completa de rasgos, clasificación según niveles de respuesta, agrupación por similitud, revisión crítica y validación del sistema. Se trata de un enfoque empírico que permite que las categorías emerjan directamente de los datos observados.

3. Proceso deductivo-inductivo. Este modelo mixto combina los dos anteriores y es el más habitual en contextos educativos. En primer lugar, se definen las macrocategorías desde un enfoque teórico, por ejemplo, analizando documentos curriculares o revisando autores relevantes sobre el tema. Luego, a través de observaciones sistemáticas en contextos reales, se identifican rasgos conductuales específicos que se asignan a las categorías previamente definidas. Este enfoque permite mayor operativización, mantiene la coherencia teórica, y es especialmente útil por su equilibrio entre rigor conceptual y adecuación empírica.

Construcción paso a paso de un sistema de categorías desde cero

Aunque ya se ha comentado anteriormente, volvemos a desglosar y enumerar los pasos para construir un sistema categorial (figura 29).

El diseño de un sistema de registro categorial parte de la delimitación precisa del fenómeno o conducta que se desea observar, así como del contexto específico en el que se inscribe, apoyándose en la revisión de literatura previa y en los objetivos del estudio.

A continuación, se lleva a cabo una fase de observación exploratoria -de análisis de estudios similares- (según si el enfoque es inductivo o deductivo) que permite generar un repertorio inicial de conductas observables, el cual debe ser suficientemente amplio y variado hasta alcanzar el punto en que no emergen nuevas conductas relevantes, garantizando así la exhaustividad del sistema.

Sobre ese repertorio, se agrupan las conductas en un número limitado de categorías conceptualmente coherentes, cada una definida por un núcleo categorial (que representa su esencia teórica) y un nivel de plasticidad (que abarca las diversas manifestaciones empíricas asociadas al mismo núcleo). Estas categorías deben presentar homogeneidad interna (las conductas incluidas comparten criterios comunes) y heterogeneidad externa (cada categoría es claramente distinta del resto).

Posteriormente, se realiza una prueba piloto del sistema categorial en nuevas sesiones observacionales (puede ser mediante vídeos) aplicando la codificación en tiempo real o cuadro a cuadro, con el fin de detectar posibles solapamientos, ambigüedades o vacíos, lo que da lugar a ajustes sucesivos y refinamientos conceptuales.

Una vez estabilizado, se elabora un manual de codificación que incluye definiciones operativas claras, ejemplos y contraejemplos ilustrativos, así como instrucciones precisas para la aplicación del sistema, lo cual resulta esencial para la formación y entrenamiento de los observadores.

Antes de su aplicación formal en la recogida de datos definitiva, el sistema debe someterse a pruebas de fiabilidad, tanto interobservador (comparando la consistencia entre distintos codificadores mediante coeficientes como el porcentaje de acuerdo o el kappa de Cohen) como intraobservador (consistencia del mismo codificador en momentos diferentes).

Además, se debe garantizar la validez de contenido, asegurando que las categorías representen adecuadamente las dimensiones conceptuales del fenómeno y estén bien diferenciadas entre sí, evitando ambigüedades. Durante la fase de codificación definitiva, el sistema puede incluir categorías especiales como la *categoría nula (Ø)* -cuando no se produce ninguna conducta relevante-, *categorías ficticias* -para representar conjuntos de acciones consecutivas- o *categorías residuale*s -para aquellas conductas inicialmente no clasificables-.

Finalmente, es recomendable, en función de los objetivos analíticos, organizar el sistema de forma jerárquica, con niveles molares (más generales) que se descomponen en niveles moleculares (más específicos), lo que permite una mayor flexibilidad analítica. Así, un sistema categorial bien construido se convierte en un instrumento robusto, replicable y riguroso para transformar observaciones cualitativas en datos sistematizados y comparables, facilitando tanto el análisis descriptivo como inferencial de los comportamientos estudiados.

Diseñando un sistema de registro categorial desde cero

Define fenómeno y contexto
Identifica con precisión el enfoque del estudio

Observa y satura el repertorio
Explora comportamientos hasta que no surjan nuevos

Agrupa comportamientos en categorías bien definidas
Organiza comportamientos en grupos coherentes

Pilotea y ajusta el sistema
Prueba y refina el sistema en tiempo real

Crea un manual con ejemplos
Desarrolla un manual de codificación integral

Mide la fiabilidad (inter e intra-)
Evalúa la consistencia entre y dentro de los codificadores

Verifica la validez del contenido
Asegúrate de que el sistema cubra y represente conceptos

Codifica con categorías especiales
Aplica el sistema con categorías específicas

(Opcional) Estructura jerárquicamente
Organiza categorías en niveles

Figura 29.
Fases para el diseño de un registro categorial paso a paso desde cero

Ejemplos de sistemas categoriales o rúbricas usadas en contextos educativos

Existen un montón de instrumentos observacionales estandarizados y validados que se utilizan de manera regular en contextos educativos. La siguiente tabla muestra algunos de los más frecuentes:

Instrumento	Dimensiones y componentes	Descripción	Contextos de uso
CLASS (Classroom Assessment Scoring System)	11–12 dimensiones, cada una calificadas 1–7 durante ciclos de 20 min observations	Sistema estructurado para registrar interacciones profesor-alumno en tres dominios: apoyo emocional, organización del aula y soporte instruccional	Educación infantil, primaria y secundaria; para mejora profesional y controles de calidad
FFT (Framework for Teaching, Danielson)	22 componentes en 4 dominios, cada uno calificado en 4 niveles	Registro categorial del desempeño docente en planificación, ambiente, instrucción y responsabilidad profesional	Amplio: desde K-12, evaluación docente, desarrollo profesional y feedback
MQI (Mathematical Quality of Instruction)	5 dominios principales (cada uno categorizado)	Evaluación de calidad en enseñanza de matemáticas (lenguaje, riqueza, errores, participación)	Primaria y secundaria; investigación en didáctica y desarrollo docente
PLATO (Protocol for Language Arts Teaching Observations)	Secciones de 15 min categorizadas en 4 dimensiones	Observa la enseñanza de ELA, modelos pedagógicos, explicación y estructura	Aulas de Lengua y Literatura, grados 3-9; investigación y formación docente
GDTQ (Generic Dimensions of Teaching Quality)	3 dimensiones básicas, calificadas en niveles	Registra gestión del aula, apoyo al estudiante y activación cognitiva	Contexto académico general, especialmente en países de habla alemana
ISTOF (International System for Teacher Observation and Feedback)	Medición categorial por secciones (unidad de clase)	Instrumento que mide varios aspectos del desempeño docente con puntuaciones estructuradas	Observación mientra se imparten lecciones individuales en contextos diversos

Tabla 7.
Rúbricas o sistemas categoriales usados en contextos educativos

3. Actividades

Actividad 1. Crea un diario de clase estructurado

Objetivo: Practicar el paso del registro narrativo cualitativo al registro descriptivo semiestructurado, desarrollando la reflexión y precisión observacional.

Instrucciones

1. Busca un video en el que aparezca una actividad breve de un aula (asamblea, debate, puesta en común).

2. Escribe libremente todo lo observado: interacciones, gestos, actitudes, emociones.

3. Transformación a descriptivo (10 min): Reorganiza la información en tu ficha con apartados (qué, quién, cómo, cuándo, contexto), eliminando opiniones y destacando hechos relevantes.

4. Reflexión:
   a. ¿Qué nuevos detalles aparecieron con la estructura?
   b. ¿Qué información resultaría útil codificar?

Actividad 2. Registro anecdótico con ficha formal

Objetivo: Aprender a redactar un registro anecdótico completo, con separación clara entre hechos y análisis.

Instrucciones:

1. Imagina un incidente durante una observación (recreo, dinámica de grupo).
2. Completa una ficha de registro anecdótico:
- Datos: sujeto, lugar, hora, actividad.
- Descripción objetivable: menciona acciones concretas, sin valoraciones.
  1. Interpretación en sección aparte: hipótesis, posibles causas, significado.
  2. Validación: compara tu descripción con un compañero y detecta juicios disfrazados de hechos.
  3. Reflexión escrita:
     - ¿Separaste bien los hechos e interpretaciones?
     - ¿Faltaba contexto o era demasiado subjetivo?
     - ¿Qué balance hay entre incidentes positivos y negativos?

Actividad 3. Observación del trabajo por rincones en el aula mediante una lista de control

Objetivo: Aplicar una lista de control para realizar una observación estructurada y analizar datos a partir de un video que muestra la dinámica del trabajo por rincones en Educación Infantil.

Instrucciones:

1. Preparación:

Visualizar un video sobre la dinámica del trabajo por rincones en Educación Infantil (por ejemplo: "Trabajo por rincones" https://www.youtube.com/watch?-v=khOrVMbsL5o)

- Identificar rincones (artístico, juego simbólico, etc.) y comportamientos observables (participación, autonomía, respeto, etc.).

2. Diseño de la lista de control

- Seleccionar indicadores relevantes (participa, comparte material, sigue normas, etc.).
- Preparar una tabla con nombres/códigos e indicadores.

3. Observación y registro:

- Registrar de forma objetiva la presencia (Sí) o ausencia (No) de cada conducta durante el visionado.

4. Análisis y debate:

- Comparar resultados, reflexionar sobre patrones y posibles mejoras en la lista de control.
- Discutir posibles aplicaciones educativas y límites de este instrumento.

Actividad 4. Registro sistemático de conductas observadas en un video

Objetivo: Practicar la observación sistemática y el registro de eventos identificando la frecuencia de conductas específicas manifestadas por un niño utilizando una tabla de registro durante el visionado del video.

Instrucciones:

1. Visualiza el video "Pablito, un niño con TDAH" https://www.youtube.com/watch?v=wFv-4Vexvmk
2. Elige y define las conductas específicas que vas a observar (por ejemplo: levantarse sin permiso, interrumpir, responder impulsivamente).
3. Prepara una tabla con columnas para cada conducta y filas para los momentos del video.
4. Durante el visionado del video, marca (✓) cada vez que ocurra una conducta y anota el minuto o escena.
5. Al terminar, cuenta la frecuencia de cada conducta y comenta los patrones observados y posibles aplicaciones educativas.

4. Autoevaluación

1. ¿Cuál es el principal riesgo de un diario de campo no estructurado?
    a. Se pierde subjetividad
    b. Genera información objetiva
    c. No permite describir conductas
    d. Puede ser poco sistemático y más subjetivo

2. Una lista de control se caracteriza por:
    a. Registro narrativo en profundidad
    b. Marcar presencia/ausencia de conductas específicas
    c. Escalamiento en intensidad de comportamiento
    d. Grabación audiovisual

3. ¿Cuál de estas técnicas es altamente sistematizada?
    a. Registro ad libitum
    b. Escala gráfica con caritas

c. Sistema de categorías

d. Registro anecdótico

4. Si una conducta tiene una duración muy breve, ¿qué tipo de intervalo de observación se recomienda?

    a. Largo

    b. Aleatorio

    c. Fijo

    d. Corto

5. La codificación de un sistema categorial debe ser:

    a. Flexible y abierta

    b. Mutuamente excluyente y exhaustiva

    c. Basada solo en intuición

    d. Solo para un sujeto

CAPÍTULO 5.
ANÁLISIS DE DATOS OBSERVACIONALES

· ·

1. Preparación

Actividad 1. Análisis de una observación urbana

1. Elige una conducta observable en el entorno (ej.: personas que miran el móvil).

2. Siéntate en un espacio fijo del entorno urbano, como el paseo marítimo, parque o campus universitario

3. Observa durante 30 o 40 minutos las personas que pasan por el espacio y registra las conductas usando papel, bolígrafo y el móvil como cronómetro.

4. Durante tu observación, registra:

- Frecuencia: cuántas veces ocurre.
- Duración (opcional): tiempo aproximado que dura cada vez que miran el móvil.
- Secuencia (si es observable): en qué orden aparecen ciertas acciones (ej.: mirar móvil-detenerse-sentarse).

5. Después de observar, responde: ¿Qué resultados has obtenido? ¿Qué dificultades tuviste para decidir qué contar? ¿Qué necesitarías para registrar mejor los datos? ¿Podrían varias personas registrar lo mismo con los mismos resultados?

Actividad 2. Crea tu propio sistema de registro y análisis observacional

1. Lee el siguiente fragmento de observación:

> Durante una sesión en el aula, un grupo de alumnos de primaria trabaja en silencio en una tarea escrita. La docente camina entre ellos, se detiene junto a una alumna, se agacha y le susurra algo. Luego, otro alumno levanta la mano, y la docente se acerca a atenderlo. Unos minutos después, un alumno comienza a hablar con su compañero y la docente le llama la atención verbalmente. El alumno guarda silencio.

2. A partir de este texto:
- Identifica cuatro conductas observables relevantes.

- Propón una forma de cuantificación para cada conducta.
- Escribe cómo se podría codificar numéricamente cada conducta usando una clave simple (ej. C1 = ayuda individual, C2 = intervención correctiva…).

Actividad 3. Exploración inicial de datos cualitativos

1. Lee individualmente un fragmento breve de notas de campo, entrevista o respuesta abierta.

2. Subraya o resalta aquello que te llame la atención, sorprenda o genere dudas.

3. Anota tus impresiones iniciales: temas, aspectos sorprendentes y posibles relaciones entre ideas.

4. Reúnanse en pequeños grupos y compartan sus hallazgos.

5. Reflexionen juntos:
- ¿Qué interpretaciones coinciden?
- ¿En qué difieren?
- ¿Qué dificultades surgieron durante el proceso?

2. Contenido

El análisis de datos observacionales consiste en examinar sistemáticamente información recogida al observar directamente comportamientos, eventos o situaciones en su contexto natural. Es importante saber que el tipo de análisis de datos que se aplique depende de los objetivos del estudio y del diseño elegido, dado que este establece el tipo de datos obtenidos, pero también cómo deben tratarse e interpretarse los mismos.

Aunque tradicionalmente se han diferenciado los enfoques cualitativos y cuantitativos, hoy se reconoce cada vez más su complementariedad. La combinación de ambos permite recoger datos ricos en significado, transformarlos en información cuantificable y analizarlos con técnicas estadísticas, lo que mejora la comprensión y la validez de los resultados (Anguera y Hernández-Mendo, 2014; Bericat, 1998; Reichardt, 2000).

A lo largo del capítulo se profundizará en algunas características y procedimientos para efectuar un análisis de datos cuantitativo y cualitativo de datos observacionales.

Análisis cuantitativo de datos observacionales

Para entender en qué consiste el análisis cuantitativo es preciso recordar que los datos observacionales se pueden transformar en datos numéricos, como la frecuencia y tipo de interacciones humanas: se observa lo que ocurre y se registra de forma ordenada. Por ejemplo, en un aula, podríamos contar cuántas veces levantan la mano, medir cuánto tiempo hablan con otros o analizar el orden de las conductas (mirar el reloj antes de hablar con un compañero). Algunos ejemplos de datos cuantitativos que pueden recogerse son: la *frecuencia* (cuántas veces sucede algo), *duración* (cuánto tiempo dura), *secuencia* (en qué orden ocurren los eventos), *registro por intervalos* (si la conducta ocurre dentro de bloques de tiempo) y *datos multimodales* (observación simultánea de variables de distinta naturaleza como gestos y sonidos).

El proceso comienza con la operacionalización y planificación sobre qué observar descrita en el capítulo 2.

El conjunto de pasos para efectuar un análisis cuantitativo requiere haber seguido cuidadosamente cada uno de los siguientes pasos (figura 30): haber efectuado una correcta planificación y recogida de datos mediante la observación sistemática en contextos naturales o controlados, haber realizado adecuadamente una una codificación estructurada, es decir, de la traducción de cada conducta en un símbolo o valor numérico conforme a un sistema de categorías previamente definido y validado. Con la codificación, las conductas observadas se convierten en unidades cuantificables como: frecuencia (número de veces que ocurre una conducta), duración (tiempo que se mantiene activa), secuencia (orden de aparición), registro por intervalos (presencia o ausencia en bloques de tiempo) y datos multimodales (observación simultánea de diferentes dimensiones, como expresión verbal y gestual). Por su puesto, se ha tenido que elegir eficazmente el tipo y modalidad de registro o registros, para analizar y revisar las sesiones, codificar con mayor precisión y reducir el error observacional. El proceso de codificación sistemática debe haber finalizado con la operacionalización de las variables de estudio.

De cara al análisis de datos es importante conocer los tipos de variables que existen según su escala de medida, pudiendo diferenciar 4 tipos de variables: nominales, ordinales, ambas consideradas cualitativas o categoriales, y las de intervalo y de razón, ambas consideradas cuantitativas o numéricas.

Una vez recogidos y codificados, los datos se organizan en matrices en las que las filas representan las unidades de análisis (sesiones, participantes, grupos) y las columnas las variables observadas. Esta estructura es la base para aplicar diversos procedimientos de análisis estadístico. En una primera fase descriptiva, se calculan frecuencias, porcentajes, tasas (como "tres interrupciones cada 10 minutos") y razones (por ejemplo, "dos conductas positivas por cada negativa"). Estos indicadores permiten describir el comportamiento observado, identificar patrones generales, y establecer comparaciones entre individuos, momentos o condiciones.

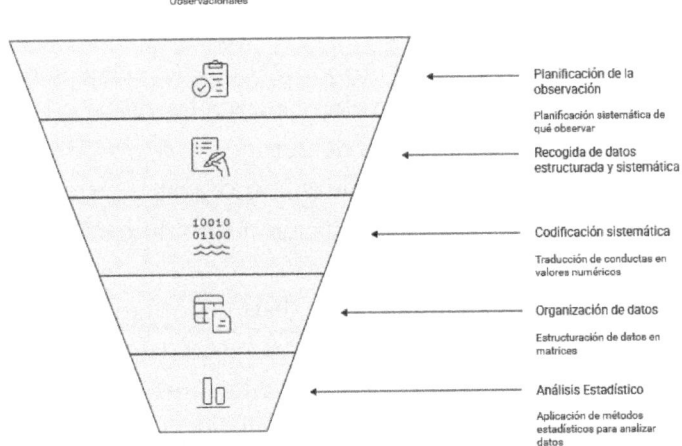

Figura 30.
Proceso de análisis cuantitativo

Antes de cualquier análisis debe realizarse y asegurar la calidad y rigor de los datos observacionales. Para ello se evalúan tres criterios fundamentales: fiabilidad, validez y precisión. La fiabilidad se refiere a la consistencia del registro entre observadores y se estima mediante índices como el coeficiente kappa de Cohen. La validez se puede examinar en tres dimensiones: de contenido (adecuación del sistema de categorías al fenómeno), de criterio (correspondencia con otras medidas externas reconocidas) y de constructo (coherencia teórica del sistema, evaluable mediante análisis factoriales). Y, por su parte, la precisión hace referencia a la fidelidad con la que el registro refleja las conductas reales, y puede garantizarse mediante la técnica de concordancia consensuada, que consiste en consensuar previamente los criterios de codificación entre los observadores.

En relación con los análisis de datos se puede optar por distintas alternativas según sean los objetivos del estudio (tabla 7):

Uno de los análisis más básicos es el descriptivo mediante el cálculo de *frecuencias y porcentajes*, que permite determinar qué conductas son más comunes y cómo se distribuyen en el tiempo. A partir de estos datos, también se pueden formular y contrastar hipótesis mediante técnicas inferenciales, comparando grupos o situaciones específicas. Al análisis que busca generalizar sus resultados lo llamamos análisis inferencial e incluye contrastes de hipótesis. Dependiendo de la naturaleza de los datos, se aplican pruebas paramétricas (como la t de Student o ANOVA) o no paramétricas (como la prueba binomial o el chi-cuadrado), siempre que se respeten los supuestos estadísticos requeridos.

Para explorar relaciones entre conductas que ocurren simultáneamente, se emplean matrices de co-ocurrencia, que cruzan dos variables conductuales para analizar si ciertas combinaciones aparecen con mayor frecuencia que la esperada por azar. Este tipo de análisis permite aplicar estadísticos como el chi-cuadrado o los residuos ajustados z, que indican si la asociación es significativa. Por ejemplo, puede analizarse qué hace el docente cuando un estudiante está distraído o cómo responden los alumnos ante una determinada conducta del profesor.

Cuando se desea examinar el orden temporal en que ocurren las conductas, se aplica el análisis secuencial de retardos (lag sequential analysis), una técnica desarrollada por Sackett y ampliada por Bakeman y Brown. Este método permite identificar secuencias significativas, como la probabilidad de que una conducta B ocurra inmediatamente después de una conducta A. Se construyen matrices de transición, se calculan probabilidades condicionales, y se utilizan valores z para contrastar si la secuencia observada supera lo esperable por azar. El análisis puede extenderse a varios niveles de retardo (lag 1, lag 2, lag 3…), revelando patrones de interacción en el tiempo. Este enfoque es especialmente útil en psicología educativa, interacción madre-hijo, dinámicas de aula, análisis del juego, o contextos clínicos.

Más allá de las secuencias inmediatas, también pueden analizarse estructuras de conducta más complejas o jerárquicas. El análisis de patrones conductuales, como los T-patterns, permite detectar configuraciones de conducta recurrentes a lo largo del tiempo que pueden incluir elementos intercalados. Estas estructuras, que no siempre son visibles mediante análisis convencionales, requieren software específico como THEME, que permite identificar estas repeticiones temporales significativas.

Tanto los análisis de la calidad de los datos, como los análisis propiamente estadísticos, suelen realizarse mediante herramientas informáticas especializadas permite gestionar, analizar e interpretar grandes volúmenes de datos observacionales con eficiencia y precisión. Entre los softwares más utilizados se encuentran SPSS (para análisis estadísticos generales), GSEQ / SDIS-GSEQ (para análisis secuencial), THEME (para detección de patrones temporales), LincePlus y The Observer XT (para codificación audiovisual y análisis multievento).

Tabla 7.
Tipos de análisis cuantitativos para datos observacionales según los objetivos

Tipo de análisis	¿Para qué sirve?	Técnicas estadísticas	Ejemplos de preguntas a las que responde
Análisis descriptivo	Resumir las conductas observadas, identificar cuáles son más frecuentes y su distribución temporal.	Frecuencias absolutas y relativas, porcentajes, medidas de tendencia central.	¿Con qué frecuencia los estudiantes interrumpen al profesor durante una clase?
Análisis inferencial	Contrastar hipótesis y generalizar resultados a una población mayor, comparando grupos o situaciones.	t de Student, ANOVA, chi-cuadrado, prueba binomial, pruebas no paramétricas.	¿Hay diferencias significativas en la atención según el tipo de actividad (grupal/individual)?
Análisis de co-ocurrencia	Explorar relaciones entre conductas que aparecen simultáneamente o en el mismo segmento temporal.	Matrices de co-ocurrencia, chi-cuadrado, residuos ajustados z.	¿Qué hace el docente cuando un alumno está distraído? ¿Cómo reacciona el grupo?
Análisis de retardos (lag sequential analysis)	Analizar el orden temporal de aparición de conductas, identificando secuencias significativas (lag).	Matrices de transición, probabilidades condicionales, valores.	¿Qué probabilidad hay de que un alumno colabore después de que el profesor elogie?

Análisis de patrones conductuales (T-patterns)	Detectar configuraciones de conducta complejas que se repiten en el tiempo, incluso con eventos intermedios.	Detección automatizada con software (THEME), análisis jerárquico de patrones.	¿Qué patrones de conducta en juegos infantiles mantiene un grupo de alumnos?

Ventajas y limitaciones del análisis cuantitativo de los datos

Entre las ventajas de la investigación cuantitativa observacional podemos señalar que permite recoger datos sobre lo que realmente hacen las personas, sin depender de lo que dicen que hacen. Al observar comportamientos directamente en contextos reales se obtienen datos más cercanos a la realidad, lo que hace que los resultados sean más aplicables a situaciones cotidianas. Además, al tener que definir con claridad qué se va a observar y cómo se va a registrar, se mejora la precisión del estudio. Los datos obtenidos, al ser numéricos (por ejemplo, cuántas veces ocurre una conducta o cuánto dura), pueden compararse entre personas, momentos o situaciones diferentes, y analizarse con técnicas estadísticas que ayudan a detectar patrones que no siempre son fáciles de ver a simple vista. Otra ventaja es que estos procedimientos, al estar bien definidos, pueden repetirse en otros estudios para comprobar si los resultados se mantienen, lo que refuerza la confianza en las conclusiones. Además, se puede combinar con métodos cualitativos para enriquecer el análisis.

Figura 31.
Resumen de las ventajas y dificultades del análisis cuantitativo

No obstante, este tipo de observación también presenta dificultades. Es un proceso que requiere mucho tiempo y preparación: hay que diseñar bien el sistema de observación, formar a quienes observan y revisar muchas horas de grabaciones o sesiones. Aunque se busque ser objetivo, siempre puede haber errores o interpretaciones diferentes entre observadores. Además, cuando las personas saben que están siendo observadas, pueden cambiar su comportamiento, lo que altera los datos. Otro límite es que, al no ser un experimento, no se puede afirmar con certeza qué causa qué, solo se pueden identificar relaciones posibles. Finalmente, al convertir los comportamientos en números, se pierde parte del contexto y de los matices más sutiles de las situaciones observadas.

Calidad y rigor de la investigación: fiabilidad y validez observacional

Fiabilidad mediante la concordancia entre observadores

La fiabilidad hace referencia a la consistencia y estabilidad de las mediciones y observaciones realizadas. La fiabilidad no debe asociarse únicamente a la concordancia entre observadores, aunque esta es una condición fundamental para la misma. El grado de coincidencia de dos o más jueces al registrar las mismas conductas es una de las maneras de analizar la estabilidad en la medición (Buendía, 2003).

La concordancia puede ser de tres tipos: interobservadores (acuerdo entre distintos observadores), intraobservador (consistencia de un mismo observador en distintos momentos) y consensuada (acuerdo previo al registro, especialmente en observaciones grabadas). Sin embargo, un alto grado de concordancia no garantiza por sí solo la fiabilidad si existe poca variabilidad entre sujetos o si el error de medición es elevado. Por ello, es fundamental asegurar una adecuada formación de los observadores y comprobar periódicamente su grado de acuerdo durante todo el proceso.

Existen tres enfoques principales para estimar la fiabilidad en estudios observacionales. El primero se basa en los coeficientes de concordancia, que pueden calcularse mediante el porcentaje simple de acuerdo (nominal o marginal) o a través de índices corregidos como el coeficiente de Scott o el **coeficiente Kappa**, que consideran el acuerdo esperado por azar. El segundo enfoque emplea coeficientes de correlación, como la correlación de Pearson o la correlación intraclase, útiles cuando se trabajan con puntuaciones numéricas y se desea conocer cuánto de la varianza observada corresponde a diferencias reales y cuánto al error. Finalmente, la teoría de la generalizabilidad permite un análisis más completo y flexible al considerar múltiples fuentes de error (observadores, momentos, instrumentos, etc.). Mediante el análisis de varianza, se puede estimar el peso de cada una de estas fuentes y mejorar así la precisión y la fiabilidad de las observaciones.

En este texto se presenta una de las medidas más sólidas y extendidas: **el coeficiente kappa de Cohen**. Esta medida tiene en consideración el acuerdo observado con el que sería esperado al azar y se calcula de la siguiente manera:

$$k = (Po - Pe) / (1 - Pe).$$

Donde:

k representa el valor del coeficiente Kappa.

Po es la proporción de acuerdo observado entre los evaluadores.

Pe es la proporción de acuerdo que se esperaría si los evaluadores calificaron aleatoriamente, es decir, el acuerdo esperado por azar.

Cálculo de Po (acuerdo observado): Se cuentan todos los casos en los que ambos observadores han registrado exactamente la misma categoría para una misma observación. Ese número de coincidencias se divide entre el total de observaciones codificadas.

Cálculo de Pe (acuerdo esperado por azar): Se calcula, para cada categoría, la proporción de veces que cada evaluador ha utilizado esa categoría (es decir, su frecuencia dividida entre el total de observaciones). Luego se multiplican las proporciones correspondientes de cada evaluador para cada categoría. Finalmente, se suman los productos de todas las categorías. El resultado es Pe.

Su valor varía de –1 (acuerdo peor que el azar) a +1 (acuerdo perfecto); un valor de 0 indica que el acuerdo se debe solo al azar. En realidad, lo importante es que los valores superiores a 0.70 suelen considerarse satisfactorios en investigación psicológica y educativa.

Lo más sencillo para calcular kappa es usar el SPSS. Se puede hacer del siguiente modo: basta con ir a *Analizar* → *Tablas cruzadas*, colocar los datos de los observadores, marcar "kappa" en la pestaña de Estadísticos y ejecutar. El programa entrega el valor de kappa, su error estándar, el nivel de significación y la tabla de contingencia, lo cual permite identificar en qué categorías ocurren desacuerdos particulares.

Validez

La validez establece *si realmente medimos lo que pretendemos medir*. De manera que se puede definir la validez como el grado en que los resultados están reflejando la realidad que desea ser conocida. Hace referencia "a la verdad o falsedad de las proposiciones generadas por la investigación" (McMillan & Schumacher, 2005, p.132).Esto implica conocer si existen errores sistemáticos que están alterando o modificando las observaciones realizadas.

La manera de medir la validez ha ido evolucionando con el tiempo. Tradicionalmente la validez era medida a través de tres grandes formas o subtipos de validez: la validez de contenido, de criterio y de constructo. En la actualidad la validez ha evolucionado hacia otras formas más integradas e interdependientes. Se habla de evidencias para la validez del constructo. Actualmente, se entiende la validez como un proceso continuo de acumulación de evidencias, no como una propiedad fija del instrumento. Según los estándares internacionales (AERA, APA, NCME), existen cinco fuentes principales de evidencia:

1. **Evidencia basada en el contenido.** Se refiere a si los ítems, categorías o dimensiones del instrumento representan de manera adecuada y completa el fenómeno que se desea observar. Por ejemplo, si se observa la interacción en el aula, el contenido debe cubrir aspectos relevantes como la participación, el lenguaje verbal y no verbal, y no dejar fuera conductas importantes. Esta validación suele hacerse con la ayuda de expertos en el área: validación por jueces. A partir del grado de acuerdo entre los jueces respeto a la calidad, precisión y adecuación de los indicadores o items observacionales, se pueden calcular índices de concordancia como el Índice de Validez de Contenido (IVC).

2. **Evidencia basada en los procesos de respuesta.** Analiza si los observadores comprenden y aplican el instrumento de la manera prevista. Es decir, se estudia cómo interpretan las categorías y cómo toman decisiones al registrar los datos. Esto se puede explorar mediante entrevistas, observaciones directas o revisión de registros, asegurando que el instrumento se use de forma coherente con su diseño.

3. **Evidencia basada en la estructura interna.** Se refiere a cómo se relacionan entre sí las distintas partes del instrumento. Por ejemplo, si un instrumento tiene varias dimensiones (como atención, participación y comunicación), debe comprobarse estadísticamente que esas dimensiones existen y están bien diferenciadas. Esto se hace con técnicas como el análisis factorial o la consistencia interna (por ejemplo, calculando el alfa de Cronbach).

4. **Evidencia basada en la relación con otras variables.** Esta evidencia muestra cómo se relacionan los datos del instrumento con otras medidas externas que tienen relación teórica con el mismo fenómeno. Por ejemplo, si un instrumento observa conductas de colaboración, se espera que sus resultados se relacionen con escalas de trabajo en equipo o desempeño grupal.

5. **Evidencia basada en las consecuencias del uso.** Analiza los efectos que tiene el uso del instrumento en la práctica. Se valora si genera resultados útiles para mejorar la enseñanza o si, por el contrario, produce efectos negativos (como sesgos o malentendidos). Esta evidencia también ayuda a asegurar que el instrumento se use de forma ética y responsable.

Introducción al análisis estadístico descriptivo

Como se ha mencionado, existen muchos tipos de análisis de datos según sean los intereses y objetivos del estudio. En este manual sólo detallaremos algunos de los cálculos más sencillos para describir los resultados cuantitativos más básicos

(McMillan & Schumacher, 2005). Concretamente incluiremos: análisis de frecuencias, medidas de tendencia central, medidas de dispersión y tablas de contingencia., anotando cómo se calcula cada uno en SPSS.

Análisis de frecuencias

Las frecuencias resumen cuántas veces se observa cada conducta.

Se pueden distinguir dos tipos:
- **Frecuencia absoluta** es el número de veces que ocurre una conducta específica durante las observaciones. Por ejemplo, si observamos a un grupo de alumnos durante el recreo y registramos que uno de ellos juega solo en 25 de los 100 intervalos observados, la frecuencia absoluta de "juego solitario" es 25.
- **Frecuencia relativa** es la proporción de esa conducta respecto al total de observaciones, expresada como porcentaje. En el ejemplo anterior, sería 25/100 = 0.25, es decir, el 25 % del tiempo observado.

Para hacerlo en SPSS:

Ve a Analizar→ Estadísticos descriptivos→ Frecuencias. Cuando salga el desplegable selecciona las variables observacionales que desees analizar y revisa que la casilla mostrar tabla de frecuencias esté marcada. Una vez esté, pulsa ok.

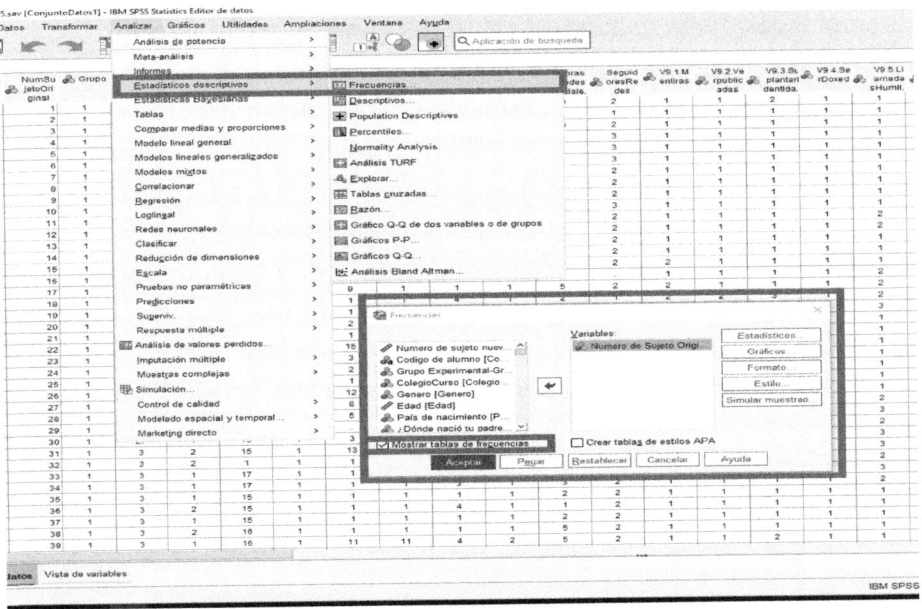

Análisis de tendencia central

Las medidas de tendencia central son valores numéricos que pretenden resumir un conjunto de datos observacionales en un solo valor representativo. Las más comunes son la media, la mediana y la moda.

- Media (promedio): Se obtiene sumando todos los valores y dividiendo entre el número total. Si cinco estudiantes pasan 4, 5, 6, 5 y 5 minutos en interacción social, la media es $(4+5+6+5+5)/5 = 5$ minutos.
- Mediana: Valor que ocupa la posición central cuando los datos están ordenados. Con los datos anteriores, la mediana también es 5. Es útil cuando hay valores extremos (outliers).
- Moda: Valor que más se repite. En el ejemplo, 5 minutos es la moda porque aparece tres veces.

Para hacerlo en SPSS:

Ve a Analizar→ Estadísticos descriptivos→ Frecuencias. Cuando salga el desplegable selecciona la casilla de la derecha que dice Estadísticos y marca las casillas que se encuentran en el recuadro Medidas de tendencia central y pulsa ok.

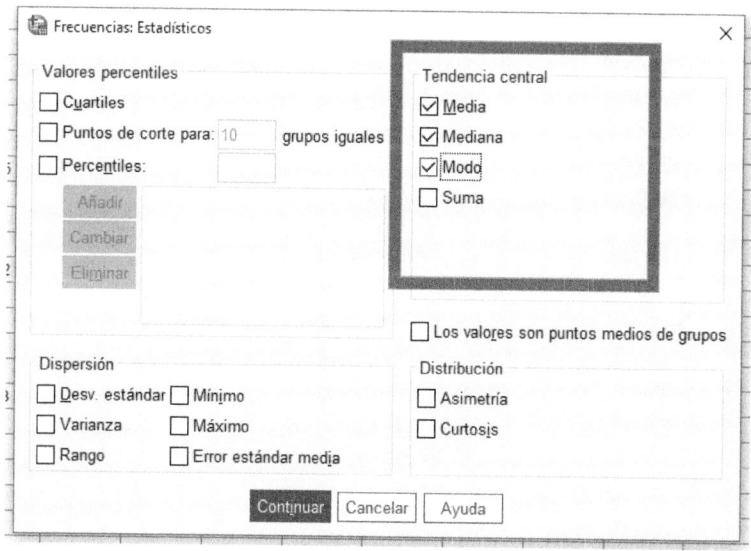

Medidas de dispersión

Las medidas de dispersión nos indican cuánto varían los valores respecto a la media, es decir, si los datos son similares entre sí o están muy dispersos. Para medir la dispersión se suele utilizar la desviación típica o desviación estándar y los valores de rango.

- Desviación típica (DT o DE): Mide cuánto se alejan, en promedio, los datos respecto a la media. Si los valores son bajos, significa que los valores se encuentran cercanos a la media. Si es alta, significa que hay valores muy distantes a la media.

  La fórmula de la DT es la raiz cuadrada de la varianza $\sigma = \sqrt{[\Sigma(xi - \mu)^2 / N]}$. Y la varianza es el promedio de las diferencias al cuadrado de cada valor con respecto a la media del conjunto de datos.

- Rango: Es la diferencia entre el valor más alto y el más bajo. Si en una clase los tiempos de trabajo individual oscilan entre 2 y 10 minutos, el rango es 8 minutos.

Para hacerlo en SPSS: Ve a Analizar→ Estadísticos descriptivos→ Frecuencias. Cuando salga el desplegable selecciona la casilla de la derecha que dice Estadísticos y marca las casillas que se encuentran en el recuadro Medidas de dispersión y pulsa ok.

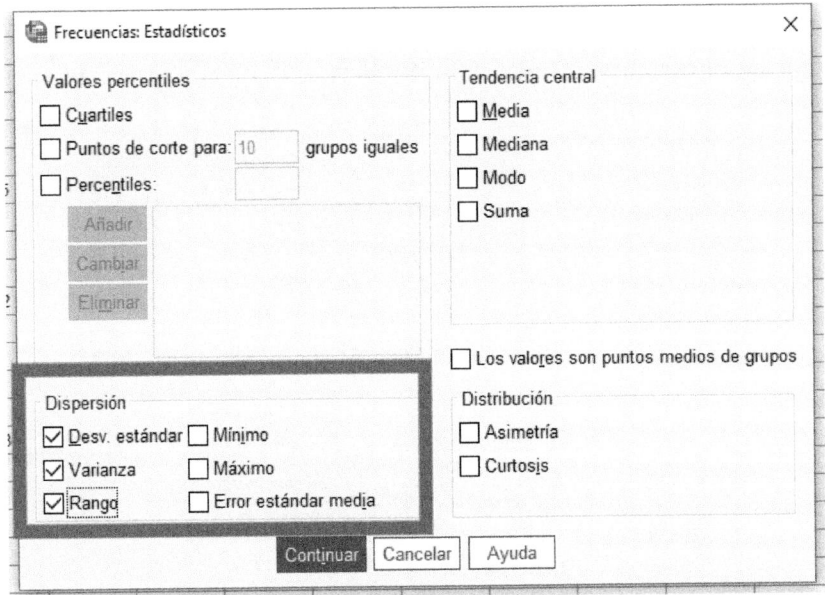

Tablas de contingencia o tabla cruzada

Sirven para mostrar y analizar la relación entre dos variables, por lo general categóricas (de tipo nominal u ordinal). Por ejemplo, puedes cruzar "tipo de conducta del alumno" con "respuesta del docente". Así verás cuántas veces el docente intervino cuando un alumno estaba distraído.

Para hacerlo en SPSS: Ve a Analizar→ Estadísticos descriptivos→ Tablas cruzadas. Cuando salga el desplegable selecciona las variables que quieras poner en relación, en la pestaña de filas y de columnas, y marca ok. Si quieres usar medidas de asociación entre las variables en estadísticos puedes marcar la Phi y v de cramer. Si, además, quieres ver si las variables son independientes, y no están asociadas, puedes marcar la Chi-cuadrado.

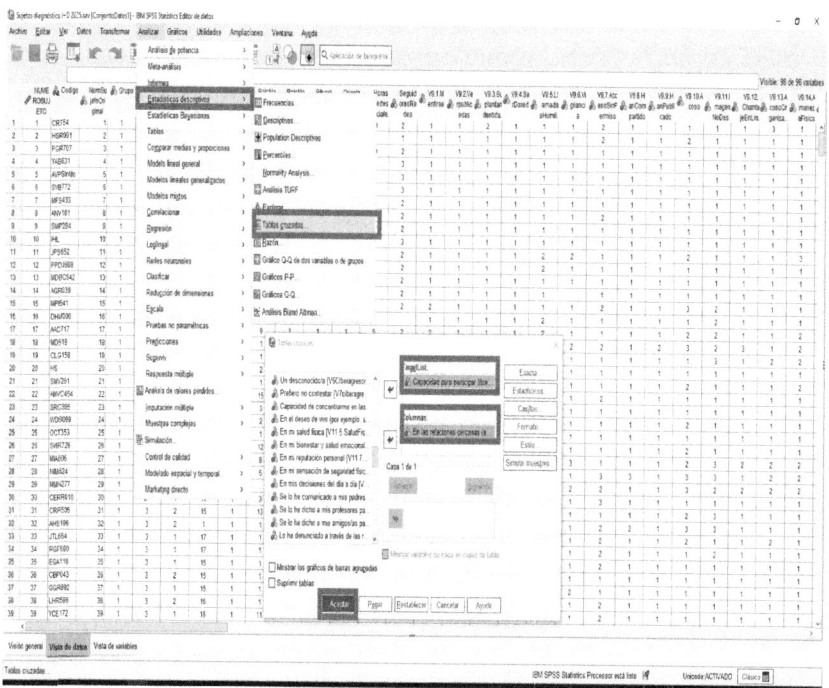

Análisis cualitativo de datos observacionales

El análisis cualitativo observacional es un proceso central en la investigación cualitativa, donde el investigador recopila y examina datos no numéricos obtenidos principalmente a través de la observación directa de fenómenos, comportamientos o contextos sociales. Este enfoque se basa en la interpretación de características, patrones y significados, en lugar de mediciones cuantitativas, y utiliza los cinco sentidos para captar la riqueza del entorno o evento observado. Así, la observación cualitativa implica la recolección sistemática de información descriptiva sobre comportamientos y eventos, que se interpretan para comprender patrones y significados en el contexto natural donde ocurren (Angrosino, 2012).

Aspectos clave en un análisis cualitativo observacional

Al realizar un análisis cualitativo observacional, es fundamental considerar los siguientes aspectos:

- *Profundidad y riqueza de los datos:* El análisis cualitativo busca comprender a fondo experiencias y comportamientos humanos, captando matices, emociones, motivaciones y dinámicas sociales que van más allá de lo superficial.
- *Flexibilidad metodológica:* Permite adaptar el enfoque según surjan nuevos datos o perspectivas durante la observación.
- *Contextualización:* Se debe tener en cuenta el contexto social, cultural y ambiental en el que ocurren los fenómenos observados.
- *Participación activa del investigador:* El investigador es el principal instrumento de recolección y análisis, lo que implica una interpretación activa de los datos.
- *Reflexividad:* Es esencial que el investigador mantenga una actitud reflexiva sobre su propio papel y posibles sesgos en el proceso de análisis.

Procedimiento de análisis

1. Registro y codificación: Se recopilan datos mediante notas de campo, grabaciones de audio o video, y se codifican los elementos relevantes, como conductas, interacciones, expresiones o situaciones.
2. Análisis inductivo: El investigador identifica patrones, temas recurrentes y relaciones significativas en los datos, sin restricciones de esquemas previos. Este análisis puede incluir la elaboración de hipótesis emergentes que se refinan a lo largo del estudio.
3. Interpretación contextual: Se interpretan los hallazgos considerando el contexto social y cultural, buscando comprender los significados atribuidos por los propios participantes.
4. Triangulación: Para aumentar la validez, se pueden combinar diferentes técnicas (observación, entrevistas, grupos de discusión) y perspectivas, contrastando los resultados obtenidos.

El proceso de codificación y categorización

El proceso de codificación y categorización en el análisis cualitativo es fundamental para organizar, interpretar y dar sentido a los datos recogidos. A continuación, se describen sus principales etapas y características:

1. Codificación
Definición: La codificación consiste en asignar etiquetas breves (códigos) a fragmentos de los datos (palabras, frases, párrafos, incidentes) que representan ideas, temas o conceptos relevantes para la investigación.
Procedimiento:
- Se identifican unidades de significado en los datos.
- Se asignan códigos a estas unidades, que pueden ser palabras, números, colores o frases cortas.

- La codificación puede hacerse línea por línea, por párrafos, o por incidentes, según el nivel de detalle deseado.

Propósito: Facilitar la organización y análisis posterior de los datos, permitiendo detectar patrones, similitudes y diferencias.

2. Categorización

Definición: La categorización es el proceso de agrupar los códigos en categorías más amplias que comparten características o significados comunes.

Procedimiento:
- Se asocian los códigos similares o relacionados bajo categorías generales.
- Las categorías representan temas, situaciones, contextos, actividades, comportamientos, opiniones, etc.
- El sistema de categorías puede elaborarse de manera deductiva (a partir de un marco teórico), *inductiva (emergente de los datos) o combinada.*

Propósito: Organizar los datos en conjuntos significativos que faciliten la interpretación y el desarrollo de explicaciones o teorías.

3. Registro y Tabulación

Registro: Se transfieren las unidades codificadas a un esquema o matriz de codificación, donde se reflejan las categorías y propiedades asignadas a cada fragmento de datos.

Tabulación: Los datos se estructuran y presentan de forma sistemática, permitiendo visualizar la distribución y relaciones entre categorías, lo que facilita el análisis global y operativo del objeto de estudio.

4. Interpretación

A partir de la categorización y tabulación, se interpretan las pautas y tendencias identificadas, lo que permite construir explicaciones teóricas y responder a las preguntas de investigación.

Disponemos de tres métodos para generar nuestros códigos (figura 32):
- El primero se considera un proceso **inductivo** (por ejemplo; inducción analítica o teoría fundamentada) y es utilizado por aquellos investigadores que no se guían por teorías preestablecidas o suposiciones concretas. Este tipo de codificación es muy habitual en estudios exploratorios o descriptivos en los que el investigador se "sumerge" en una situación o en la revisión de documentos y relega los aspectos teóricos a un segundo nivel. Los códigos y categorías emergen directamente de los datos, sin un marco teórico previo. Es útil en investigaciones exploratorias donde se busca descubrir nuevos patrones o teorías a partir de las respuestas de los participantes.
  - Ventajas y desventajas: Este enfoque ofrece una gran flexibilidad, lo que facilita la exploración y el descubrimiento de temas inesperados. Sin

embargo, también puede resultar más subjetivo y presentar dificultades para ser replicado con exactitud.

- El segundo consiste en una visión **deductiva** de la codificación en la que se parte de una serie de teorías y suposiciones que establecerán, en función de lo que se quiere estudiar, nuestros elementos principales las categorías y los códigos de inicio para nuestra codificación. Se aplican códigos predefinidos basados en teorías o investigaciones previas. El investigador utiliza un esquema de codificación elaborado antes de analizar los datos.

  - Ventajas: Este enfoque permite una mayor eficiencia en el proceso de codificación, ya que los códigos y categorías están predefinidos y se aplican de manera sistemática. Facilita la comparación de los resultados con estudios previos y la generalización de las conclusiones. Es especialmente útil cuando se busca confirmar o refutar teorías existentes o cuando se investigan fenómenos bien definidos.

  - Desventajas: Este enfoque es menos flexible y puede pasar por alto nuevos temas emergentes. La aplicación de códigos predefinidos puede limitar la capacidad del investigador para descubrir patrones y relaciones inesperadas en los datos. Además, si la teoría o el marco conceptual utilizado no es adecuado para el contexto del estudio, los resultados pueden ser sesgados o incompletos.

- De forma habitual, en la mayoría de las investigaciones cualitativas se recurre a **un enfoque mixto**, en el que participan tanto procesos inductivos como deductivos donde coexisten tanto el bagaje teórico de los autores o la propia temática como los posibles códigos y categorías que surgen, no previstas por los investigadores.

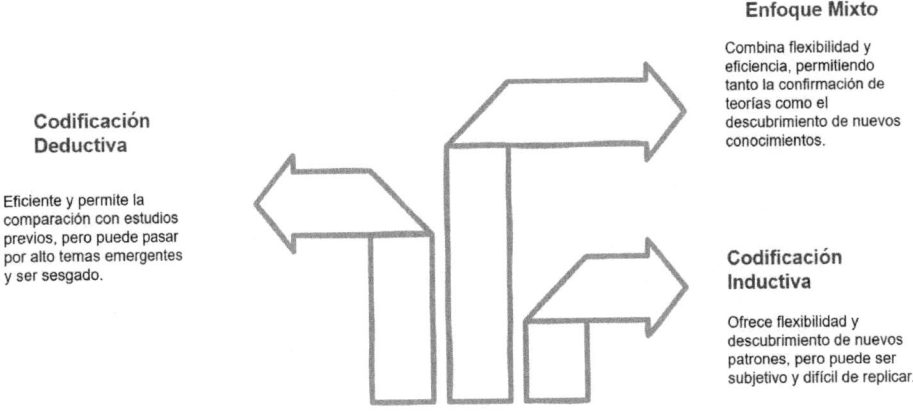

Enfoque Mixto

Combina flexibilidad y eficiencia, permitiendo tanto la confirmación de teorías como el descubrimiento de nuevos conocimientos.

Codificación Deductiva

Eficiente y permite la comparación con estudios previos, pero puede pasar por alto temas emergentes y ser sesgado.

Codificación Inductiva

Ofrece flexibilidad y descubrimiento de nuevos patrones, pero puede ser subjetivo y difícil de replicar.

Figura 32.
Tipos de procedimientos de categorización-codificación

A modo de resumen proponemos una serie de recomendaciones que conviene considerar a la hora de llevar a cabo la codificación:

- La riqueza de los datos reside en el texto, aunque pueden usarse números no debe perderse de vista el objetivo principal de la investigación.
- La matriz de categorías y códigos puede ser aplicada a distintos instrumentos de recogida de datos.
- No existe una manera única y estándar de categorizar y codificar nuestros datos.
- Las categorías y códigos no son entes estáticos, sino que pueden modificarse, crearse o eliminarse durante todo el proceso. Se debe seguir un escalamiento dimensional (macro-categoría, categoría, código, definición, indicadores, ejemplos o situaciones).

Tipos de codificación

La codificación cualitativa es un proceso fundamental en la investigación social y educativa, ya que permite organizar, interpretar y analizar grandes volúmenes de datos no estructurados, como entrevistas, observaciones o documentos. Existen varios tipos y enfoques de codificación, cada uno con características y objetivos específicos.

a) Codificación teórica

La codificación teórica es un procedimiento analítico cuyo objetivo principal es construir una teoría a partir de los datos recogidos, en lugar de partir de una teoría previa. En este enfoque, la interpretación de los datos está estrechamente vinculada tanto al objetivo de la investigación como al proceso de muestreo, ya que ambos orientan el análisis y la evolución de la teoría emergente.

Para alcanzar este objetivo, se emplean diferentes procedimientos de codificación: la codificación abierta, la codificación axial y la codificación selectiva. Estos métodos permiten descomponer, organizar y sintetizar la información, facilitando la identificación de patrones y relaciones significativas.

El proceso de codificación teórica exige una comparación constante entre los casos, una revisión continua de los conceptos y la formulación de preguntas que el investigador dirige a los datos. De este modo, la teorización se desarrolla de manera progresiva, avanzando desde un nivel empírico hacia un nivel teórico y abstracto. Así, la teoría resultante surge directamente de los datos, permitiendo una comprensión profunda y fundamentada del fenómeno estudiado.

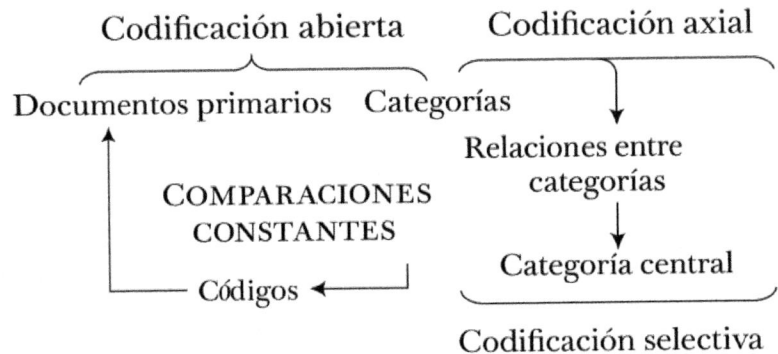

PROCESO DE CONSTICACIÓN TEÓRICA

Fuente: Elaboración propia a partir de Strauss
y Corbin (2002)

Figura 33.
Proceso de codificación teórica.
Fuente. Corbin & Strauss, (2002)

- *Codificación abierta:* En este tipo de codificación implica revisar de manera reiterada los datos recopilados y asignar etiquetas provisionales a fragmentos de información, con el fin de sintetizar y comprender lo que ocurre en el contexto estudiado. Este proceso se fundamenta en el significado que emerge directamente de los datos y constituye el primer paso en el análisis cualitativo. Los códigos generados pueden ser preestablecidos, basados en categorías teóricas propias de las ciencias sociales, o bien surgir de las expresiones y manifestaciones de los propios participantes (códigos in vivo). Durante esta etapa, se registran los conceptos más relevantes y se analizan sus dimensiones y propiedades. La codificación consiste en descomponer los datos en unidades más pequeñas y asignarles códigos que permitan identificar conceptos y temas iniciales. De este modo, se facilita la exploración y comprensión de la diversidad de ideas presentes en el entorno educativo. Este tipo de codificación se usa en la fase exploratoria del análisis cualitativo para identificar y mapear la variedad de conceptos y perspectivas existentes entre los participantes. Un ejemplo concreto de esta aplicación consiste en analizar un fragmento que describe la interacción de niños de cuatro años durante el juego libre en los rincones de aula, donde el objetivo fue comprender cómo los niños gestionan sus emociones en situaciones de interacción lúdica, así como el rol del educador en estos procesos.

> María y Juan, ambos de 4 años, están en el área de construcciones. Juan sostiene un bloque grande, mientras Ana intenta quitárselo. Juan frunce el ceño, aprieta los labios y lo sujeta con más fuerza. Ana empuja suavemente el brazo de Juan y emite un sonido agudo de frustración. La docente se acerca y dice: "Ana, veo que quieres ese bloque. Juan, ¿quieres ayuda con lo que haces?". Juan la mira, pero no suelta el bloque. Ana comienza a llorar en silencio. La docente le dice: "Ana, podemos buscar otro bloque grande, o tal vez puedas decirle a Juan con palabras lo que quieres". Ana responde: "Quiero ese". La docente pregunta a Juan: "¿Le prestarás el bloque a Ana cuando termines?". Juan asiente lentamente. La docente se queda cerca observando. Ana se calma y decide ir a buscar otro bloque.

Durante la codificación abierta, se identificaron expresiones como "frunce el ceño, aprieta los labios, sujeta con más fuerza", categorizadas como expresiones no verbales de enojo o resistencia; "empuja el brazo, emite un sonido agudo", asociadas a frustración y tensión física leve; así como intervenciones docentes que validan emociones y fomentan la comunicación verbal.

- *Codificación axial:* Es la etapa que sigue a la codificación abierta. Su objetivo es establecer relaciones entre los códigos iniciales, agrupándolos en categorías más amplias. Mediante este proceso, se identifican conexiones y patrones dentro de los datos, lo que permite una comprensión más profunda de las estructuras subyacentes. Como ejemplo de esta codificación y continuando con el caso anterior, en la etapa de codificación axial, los códigos iniciales se agrupan en categorías más amplias relacionadas entre sí: Conflictos por recursos, expresiones emocionales infantiles, estrategias de regulación emocional, y rol del educador en la regulación emocional. Estas categorías permitieron mapear patrones y conexiones, por ejemplo, cómo los conflictos por recursos desencadenan respuestas emocionales que, cuando son gestionadas mediante el acompañamiento docente, derivan en aprendizajes sobre resolución de conflictos y autonomía emocional.

- *Codificación selectiva:* Corresponde a una fase avanzada dentro de la teoría fundamentada. Se centra en integrar y refinar las categorías principales previamente identificadas, con el propósito de construir una teoría coherente y fundamentada en los datos recolectados. Finalmente, mediante la codificación selectiva se identifica un tema central integrador que reúne las categorías desarrolladas previamente. Siguiendo con el ejemplo anterior, en este caso el tema es: "El andamiaje docente en la regulación emocional a través del juego". Este tema refleja cómo, en situaciones cotidianas de interacción lúdica, los docentes actúan como mediadores y guías afectivos. No solo ayudan a los niños a nombrar y comprender sus emociones, sino que también los apoyan en el desarrollo de habilidades comunicativas y de autorregulación, fundamentales para la convivencia en el espacio escolar.

b) Codificación temática

La codificación temática es una estrategia fundamental en el análisis cualitativo que consiste en identificar, analizar y organizar los textos en torno a temas o patrones recurrentes presentes en los datos. Este enfoque permite agrupar distintos códigos y categorías bajo temáticas concretas, lo que facilita la interpretación y presentación de los hallazgos, así como la construcción de ideas relevantes para la investigación.

Dado que los procesos cualitativos suelen ser cíclicos, la codificación temática puede aplicarse en diferentes momentos del análisis. Aunque es recomendable utilizarla en las fases finales del estudio documental, también es posible recurrir a ella en etapas previas, siempre evitando ser demasiado estrictos en las agrupaciones para no perder información valiosa en los primeros momentos de la investigación.Consiste en identificar y analizar temas recurrentes presentes en los datos. Este tipo de codificación organiza la información en torno a grandes patrones o ideas relevantes para la investigación, facilitando la interpretación y presentación de los hallazgos (figura 34).

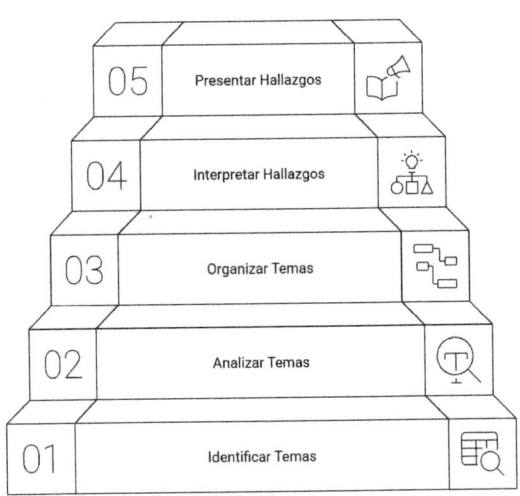

Figura 34.
Proceso de codificación temática

Actividad 1. Ejercita tu capacidad de análisis con SPSS

- Desarrolla un análisis estadístico descriptivo a partir del siguiente caso.
- Imagina que eres un evaluador o un inspector educativo que se ha dedicado a registrar el tipo de interacción que ha mantenido un docente en prácticas con sus alumnos. Como evaluador has registrado: sobre el tipo de actividad realizada por el educador en prácticas, el número de intervenciones docente-estudiante, el tiempo aproximado que ha mantenido contacto visual con el alumnado y el nivel general observado de participación del alumnado en sus clases.

ID_sesión	Tipo_actividad	N°_intervenciones	Tiempo_mirando	Nivel_participación
1	Individual	3	45	Bajo
2	Grupal	9	120	Alto
3	Individual	2	30	Bajo
4	Grupal	7	110	Medio
5	Individual	5	65	Medio
6	Grupal	10	135	Alto

- En primer lugar, reconoce las variables que existen y todos los valores posibles que pueden recibir. Identifica si son categóricas o cualitativas o cuantitativas o numéricas.
- Abre el SPSS y extrae los datos de frecuencias absolutas y relativas para cada una de las variables.
- Calcula el tiempo medio que el profesor en prácticas ha mirado con detenimiento a sus alumnos.
- Realiza una tabla cruzada que relacione el tipo de actividad que ha realizado en clase con el nivel de participación obtenido.

Actividad 2. Análisis cualitativo de interacciones en el aula mediante codificación abierta

Visionado de un video de una clase Bilingüe con auxiliar nativo irlandés en educación infantil https://www.youtube.com/watch?v=eDzoTeuKYQ4

Objetivo:

Practicar la codificación inicial de observaciones sin categorías preconcebidas, permitiendo que los temas emerjan directamente de los datos.

Instrucciones:

- Observa: Mira atentamente el video propuesto, donde un auxiliar de conversación nativo interactúa con alumnos de educación infantil en una clase bilingüe.
- Registra: Durante la duración del video, anota todo lo que veas y oigas. Concéntrate en:
  - Acciones de los niños y el auxiliar.
  - Interacciones verbales y no verbales.
  - Uso de materiales y recursos.
  - El ambiente y disposición del aula.
  - Evita interpretar; solo describe lo observado.
- Codifica (Abiertamente)
  - Revisa tus notas, fragmento por fragmento, y asigna códigos abiertos breves y descriptivos a cada acción, interacción o elemento relevante.
  - Recuerda que la codificación consiste en identificar y nombrar aspectos significativos de tus observaciones, sin categorías previas.

Actividad 3. Codificación axial en la interacción del rincón de lectura

Objetivo: Relacionar y organizar las categorías surgidas en la codificación abierta sobre la interacción de Ana y Jorge para comprender cómo se construye socialmente el aprendizaje.

Material base:

a) Fragmento de observación:

> Ana (4 años) y Jorge (4 años y 3 meses) están sentados juntos en el sofá del rincón de lectura, sosteniendo un libro ilustrado sobre animales. Ana señala el dibujo de un león y exclama: "¡Mira! ¡Un guau guau grande!". Jorge la mira, niega con la cabeza y responde: "No, tonta, es un grrr. Los leones hacen grrr". Ana frunce el ceño, pero luego imita el sonido: "Grrr". Jorge pasa la página y dice: "Mira, esta gallina hace co-co-có". Ana se ríe y repite: "Co-co-có". Después, Ana coge otro libro, lo abre y comienza a señalar dibujos mientras emite sonidos de animales que ha escuchado de Jorge. Jorge la observa y, de vez en cuando, asiente o corrige suavemente los sonidos que produce.

b) Tabla de codificación abierta:

Fragmento observado	Código abierto	Interpretación breve
Señala un dibujo	Interés visual	Atención dirigida al estímulo visual (imagen del libro).
"¡Un guau guau grande!"	Asociación incorrecta, vocabulario infantil	Relación equivocada sonido/animal, uso de lenguaje infantil.
Sacude la cabeza, "No, tonta. Es un grrr."	Corrección entre pares, lenguaje despectivo leve, onomatopeya	Corrección social y uso de sonidos imitativos.
Frunce el ceño, pero luego imita el sonido	Receptividad a la corrección, imitación vocal	Ajuste ante corrección y aprendizaje por imitación.

120

Abre el libro en otra página	Iniciativa en la interacción	Toma activa de decisiones y liderazgo en la dinámica.
Laura se ríe y repite "Co-co-có"	Disfrute, imitación vocal	Participación lúdica, expresión emocional positiva.
Laura toma otro libro y lo abre, señalando dibujos y emitiendo sonidos	Transferencia de aprendizaje, imitación activa	Aplicación autónoma de lo aprendido a nuevas situaciones.
Pablo la observa y ocasionalmente asiente o corrige suavemente	Rol de "experto", retroalimentación	Acompañamiento activo, corrección respetuosa, guiado entre pares.

Instrucciones:

• Identifica al menos tres categorías centrales surgidas a partir de la codificación abierta. Cada categoría debe agrupar varios códigos (ej. Categoría: Interacción entre pares puede incluir: Corrección entre pares, iniciativa en la interacción y retroalimentación positiva/negativa.

4. Autoevaluación

1. **¿Cuál de estos es un ejemplo de dato cuantificable en observación?**
   a. "El alumno parece aburrido"
   b. "El aula es muy luminosa"
   c. "La conducta ocurrió 6 veces"
   d. "El docente usó un tono amable"

2. **¿Cuál de las siguientes afirmaciones sobre la fiabilidad en observación es correcta?**
   a. Se refiere a la estabilidad en la medición de los instrumentos narrativos
   b. Puede calcularse mediante el coeficiente Kappa entre observadores
   c. Si hay muchos datos no es necesario calcularla
   d. Permite determinar si el instrumento mide efectivamente lo que quiere medir

3. **¿Qué tipo de análisis permite examinar si dos conductas ocurren con más frecuencia juntas de lo que cabría esperar por azar?**
   a. Análisis de co-ocurrencia
   b. Análisis de tendencia central
   c. Análisis de dispersión
   d. Análisis de contenido

4. **Refiriendo al procedimiento de categorización-codificación ¿En cuál de los siguientes sistemas, no se guía por teorías preestablecidas o suposiciones concretas?**
   a. Deductivo
   b. Mixto

c. Inductivo

d. Ninguno

5. ¿Cuál es el objetivo principal de la codificación abierta en el análisis cualitativo?

a. Confirmar hipótesis existentes a partir de categorías predefinidas

b. Establecer relaciones entre los códigos seleccionados para construir teorías

c. Asignar etiquetas iniciales a fragmentos de datos, identificando conceptos emergentes

d. Validar categorías teóricas de estudios anteriores en contextos similares

6. ¿En qué consiste la codificación selectiva en el proceso de análisis cualitativo?

a. Registrar conceptos relevantes sin establecer relaciones entre ellos

b. Establecer las primeras etiquetas y códigos emergentes

c. Explorar múltiples perspectivas utilizando sólo códigos in vivo

d. Refinar e integrar las categorías centrales para construir teoría

---

Corrección de ejercicios de autoevaluación

Capítulo 1.
1-b / 2- c/ 3-a / 4-a /5-d
Capítulo 2.
1-c / 2- c/ 3-d /4-d/ 5-a/ 6-b
Capítulo 3.
1/c/ 2-b/ 3-b/ 4-b/ 5-c/ 6-c
Capítulo 4.
1-d / 2-b / 3-c / 4-d /5-b
Capítulo 5.
1-c / 2-b / 3-a/4-c/ 5-c/ 6-d

BIBLIOGRAFÍA

Angrosino, M. (2012). *Etnografía y observación participante en investigación cualitativa*. Ediciones Morata.

Anguera, M. T. (1978). *Metodología de la observación en las ciencias humanas*. Cátedra.

Anguera, M. T. (1988). *Observación en la escuela*. Graó

Anguera, M. T. (1995). Metodología observacional. En J. Arnau, M. T. Anguera, & J. Gómez (Eds.), Metodología de la investigación en ciencias del comportamiento (pp. 125–236). Secretariado de Publicaciones de la Universidad de Murcia.

Anguera, M. T. (1999). *Observación en la escuela, aplicaciones*. Universitat de Barcelona.

Anguera, M. T., & Hernández-Mendo, A. (2014). Metodología observacional en la investigación psicológica, educativa y deportiva. *Revista de Psicología del Deporte* 2014. 23(1), 103-109.

Anguera, M.T. (2003). La observación. En C. Moreno Rosset (Ed.), *Evaluación psicológica. Concepto, proceso y aplicación en las áreas del desarrollo y de la inteligencia* (pp. 271-308). Sanz y Torres.

Bakeman, R. y Gottman, J.M. (1989). *Observación de la interacción: Introducción al análisis secuencial*. Morata

Bericat, E. (1998). *La integración de los métodos cuantitativo y cualitativo en la investigación social: Significado y medida*. Ariel.

Buendia, L. (1998). La investigación observacional. En L. Buendía, P. Colás y F. Hernández, *Métodos de investigación en psicopedagogía* (p.1567-205). McGraw Hill

Corbin, J., y Strauss, A. (2002*). Basics of Qualitative Research: Techniques and Procedures for Developing Grounded Theory*. Sage

Croll, P. (2000). *La observación sistemática en el aula*. La Muralla.

Haep, A., Behnke, K., y Steins, G. (2016). Classroom observation as an instrument for school development: School principals' perspectives on its relevance and problems. *Studies in Educational Evaluation, 49*, 1-6.

Hardman, F., y Hardman, J. (2017). Observing and recording classroom processes. *British Education Research Association/SAGE Handbook of Educational Research*, 571-589.

Hernández, F. y Soriano, E. (1997). La enseñanza de las matemáticas en el primer ciclo de la educación primaria. Una experiencia didáctica. Universidad de Murcia.

Hernández-Sampieri, R. (2018). *Metodología de la investigación: las rutas cuantitativa, cualitativa y mixta*. McGraw Hill México.

Martín, M. S., Plana, M. P., Gea, A. I. P., y Mateu, F. N. (2023). Y, al principio, fue la pregunta de investigación…: Los formatos PICO, PECO, SPIDER y FINER. *Espiral. Cuadernos del profesorado, 16*(32), 126-136.

McMillan, J. H., y Schumacher, S. (2005). *Investigación educativa: una introducción conceptual.* Pearson educación.

Miles, M. B., Huberman, A. M., y Saldaña, J. (2020). *Qualitative Data Analysis: A Methods Sourcebook* (4th ed.). Sage

Nieto-Martín, S. (2010). *Principios, métodos y técnicas esenciales para la investigación educativa.* Dykinson.

O'Leary, M. (2016). *Reclaiming Lesson Observation. Supporting excellence in teacher learning.* Taylor & Francis ebooks.

O'Leary, M. (2020). *Classroom observation: A guide to the effective observation of teaching and learning.* Routledge.

Peña-Acuña, B. (2015). *La observación como herramienta científica.* ACCI (Asociación Cultural y Científica Iberoamericana).

Peterson, G., y Elam, E. (2020). *Observation and assessment in early childhood education.* Zero Textbook Cost.

Portell Vidal, M., Anguera Argilaga, M. T., Chacón Moscoso, S., & Sanduvete Chaves, S. (2015). Guidelines for reporting evaluations based on observational methodology. *Psicothema, 2015, vol. 27, num. 3, p. 283-289.*

Postic, M., y De Ketele, J. M. (1992). *Observar las situaciones educativas* (Vol. 61). Narcea Ediciones.

Reichardt, C. S. (2000). *Métodos cualitativos y cuantitativos en investigación evaluativa.* Ediciones Morata.

Sáiz-Manzanares, M. C., y Escolar-Llamazares, M. del C. (2013). *Observación sistemática e investigación en contextos educativos.* Universidad de Burgo

Sekaran, U., & Bougie, R. (2013). *Research Methods for Business: A Skill-Building Approach* (6th ed.). Chichester: John Wiley & Sons Ltd.

Soriano, E. (2000). *Métodos de Investigación en Educación.* Almería: Servicio de Publicaciones de la Universidad de Almería.

Tomé-Fernández, M. (2019). *Observación sistemática y análisis de contexto para la innovación y la mejora en educación.* Ediciones Paraninfo.

Zabalza, M. Á., y Beraza, M. Á. Z. (2004). *Diarios de clase: un instrumento de investigación y desarrollo profesional* (Vol. 99). Narcea Ediciones.